Frauen Bauen Stadt

Wojciech Czaja, Katja Schechtner, Eds.

The City Through a Female Lens

Birkhäuser
Basel

EN BAUEN STADT
FRAUEN BAUEN STADT

Inhalt

Kristin Feireiss

Gründerin und Leiterin des
Aedes Architekturforums, Berlin

Betrachtet man die Zahl der Veranstaltungen – der Ausstellungen, Vorträge, Symposien und Podiumsdiskussionen – ebenso wie die Menge an Publikationen und unzähligen Artikeln in Tages- und Fachpresse zu Frauen in Architektur und Stadtplanung, so hat das Jahr 2021 schon jetzt alle Rekorde gebrochen. Ein großartiger Erfolg, ohne Frage. Aber auch schon ein Schritt in die richtige Richtung auf dem Weg zu einer Chancengleichheit von Frauen und Männern in diesem Berufsstand?

Ich bin mir nicht sicher, ob all diese Aktivitäten und Bemühungen diejenigen erreichen, die das Ungleichgewicht bei der direkten Vergabe von Bauvorhaben oder in Wettbewerben wahrnehmen und damit theoretisch auch ändern könnten. Da die Gender-Frage heute noch ein gesellschaftliches Phänomen darstellt – und nicht nur in Architektur und Stadtplanung, sondern auch in allen anderen wirtschaftlichen und kulturellen Bereichen zu finden ist, in denen Frauen als Selbstständige oder in Führungspositionen arbeiten –, macht es ein Umdenken nicht leichter.

Als ich 2017 an einer international besetzten Podiumsdiskussion anlässlich der Ausstellung *Frau Architekt* im Deutschen Architekturmuseum (DAM) in Frankfurt/M. teilnahm, saßen im vollbesetzten Auditorium nur eine Handvoll Männer, die sich für das Thema interessierten. Trotz des mir eigenen Optimismus muss ich nach über 40 Jahren als Direktorin des privat geführten Aedes Architekturforums in Berlin wie auch in meiner Zeit als Direktorin des Niederländischen Architekturmuseums (NAI) in Rotterdam daher feststellen, dass in fast einem halben Jahrhundert der Anteil bauender Architektinnen mit eigenem Büro nicht gerade dynamisch gestiegen ist.

Natürlich sollte man weder einem privaten Bauherrn noch der öffentlichen Hand unterstellen, dass sie bewusst mehr Männer einladen als Frauen. Ich denke aber, dass dies – vor allem – an der mangelnden Kenntnis von herausragenden Architektinnen mit gleichem Niveau und gleicher Qualifikation liegt. Bevor es in naher oder ferner Zukunft zu einer Gender-Quotenregelung bei der Vergabe von Bauaufträgen oder der Auswahl bei Wettbewerben kommen sollte, mache ich – um den Wissensstand der Auslober*innen zu erweitern – einen pragmatischen, durchaus ernst zu nehmenen Vorschlag: Ich erstelle den Verantwortlichen zur jeweiligen Bauaufgabe eine Liste weltweit agierender, hoch qualifizierter Architektinnen und Stadtplanerinnen.

Den Initiator*innen, Herausgeber*innen und Autor*innen dieser Publikation, die ein weites inhaltliches Spektrum an Beiträgen umfasst, wünsche ich, dass dieses Buch auch in die Hände derjenigen kommt, die zu einem Wandel, zu mehr Gleichbehandlung und damit mehr zu einer Gleichberechtigung der Frauen im Berufsleben beitragen können. Nicht nur Architektinnen und Stadtplanerinnen würden sich darüber freuen. Diese Maßnahme könnte sich Jahrzehnte später vielleicht auch an den Städten ablesen lassen.

Kathrin Gaál

Vizebürgermeisterin und
Frauen- und Wohnbaustadträtin,
Stadt Wien

Als Stadt Wien schaffen wir bestmögliche Rahmenbedingungen, damit Mädchen und Frauen selbstbestimmt und gleichberechtigt ihr Leben gestalten können. Genau diese Mädchen und Frauen sichtbar zu machen, ist dabei ein wichtiger Aspekt. Dazu gehört die Benennung von Straßen, Plätzen, Parks und Gemeindebauten nach Frauen. In der Seestadt Aspern sind diese fast ausschließlich nach starken Frauen benannt – etwa die Barbara-Prammer-Allee, die an unsere erste österreichische Nationalratspräsidentin erinnert. Es geht aber auch um die Schaffung ganz konkreter öffentlicher Räume in Wien von und für Mädchen. Der *Reumädchenplatz* in Favoriten ist ein Beispiel dafür. Bei diesem Projekt haben Mädchen und junge Frauen einen Platz nach ihren Vorstellungen mitgestaltet und sich mit der *Reumädchenbühne* eine Plattform geschaffen, auf der sie ihre Ideen und Träume vor den Vorhang holen können.

Bei einer geschlechtergerechten Stadtplanung ist nicht nur wichtig, was passiert, sondern auch, wer etwas tut. Ich bin daher stolz darauf, wie viele engagierte Frauen – Planerinnen, Architektinnen und Gestalterinnen – unsere Stadt prägen. In der Stadtplanung hat Wien beim Gender-Planning eine internationale Vorreiterinnen-Rolle. Seit rund 30 Jahren hat das geschlechtergerechte Planen Tradition. Hier wurden Projekte in allen urbanen Bereichen wie Städtebau, Mobilität, öffentliche Bildungsbauten, geschlechtssensible Parkgestaltung und Qualitätssicherung im Wohnbau verwirklicht.

Herausragende Beispiele dafür waren die Pilotprojekte Frauen-Werk-Stadt I und II: Hier lag der Fokus auf frauengerechter Planung, bei der auf den Alltag und auf die Bedürfnisse von Frauen besonderes Augenmerk gelegt wurde. Die Berücksichtigung der Lebensrealitäten von Frauen bei der Planung darf sich aber selbstverständlich nicht auf einzelne Pilotprojekte beschränken, sondern fließt immer mit ein.

Die Bereiche Frauen und Wohnen miteinander zu verbinden, liegt mir besonders am Herzen. Gerade für die wachsende Gruppe der Alleinerziehenden ist es wichtig, leistbaren und passenden Wohnraum zu schaffen. In jedem größeren geförderten Wohnprojekt werden daher Wohnformen für Alleinerziehende mit flexiblen Grundrissen eingeplant. Außerdem haben wir das Thema „Alleinerziehend" als Wohnbedarfsgrund für die Vergabe von geförderten Wohnungen in Wien eingeführt. Alleinerziehende, die in keinem eigenen Mietverhältnis stehen und keine Eigentumswohnung besitzen, erhalten dadurch deutlich leichter Zutritt zum Gemeindebau und zu geförderten Wohnungen.

Wichtig sind neben Wohnraum auch Räume, in denen Frauen Unterstützung und Information in allen Lebenslagen bekommen. Das von mir ins Leben gerufene Frauenzentrum der Stadt Wien bietet das in Rathausnähe an: kostenlose und anonyme Beratung für alle Wienerinnen – etwa zu den Themen Scheidung und Obsorge. Nicht zuletzt braucht besonders der Schutz von Frauen Raum: Frauen, die von Gewalt betroffen sind, bekommen in unserer Stadt schnell und unbürokratisch Hilfe. Aktuell bieten in Wien vier Frauenhäuser Schutz, ein fünftes Frauenhaus mit 50 zusätzlichen Plätzen wird gebaut.

Die Facetten einer mädchen- und frauengerechten Stadt sind also äußerst vielfältig. Diese Vielfalt zeigt auch die vorliegende Publikation eindrucksvoll: Frauen haben über Jahre hinweg viel Energie, Innovation und Enthusiasmus eingebracht und bereichernde Pilotprojekte umgesetzt. Dafür danke! Ich wünsche Ihnen, liebe Leserinnen und Leser, viel Freude mit den vielfältigen Erfahrungen und Zugängen in diesem Buch und eine spannende Lektüre!

Kurt Hofstetter

Leiter der IBA_Wien 2022 –
Neues soziales Wohnen

So sehr ich mich darüber freue, dass im Rahmen der Internationalen Bauausstellung, *IBA_Wien 2022*, ein Symposium zum Thema *Frauen Bauen Stadt* stattfinden konnte, mutet es doch auch gleichermaßen unwirklich an, dass dieses im Jahr 2020 in Mitteleuropa nicht nur einen Beitrag zu einer fachlichen Debatte leistet, sondern das es tatsächlich erforderlich ist. Doch ein Blick in die Geschichtsbücher, in Fachliteratur zu Architektur und Städtebau und selbst in die Unterrichtsmaterialien unserer Kinder macht deutlich, dass es nach wie vor an Wissen und vor allem an der Selbstverständlichkeit mangelt, die Leistungen von Frauen in der Entwicklung und im Werden unserer gebauten Umwelt sichtbar zu machen und adäquat darzustellen. Die *IBA_Wien*, die sich dem Thema *Neues soziales Wohnen* verschrieben hat, will daher einen Beitrag dafür leisten, dieser Selbstverständlichkeit den Weg zu ebnen und damit auch weitere Bestrebungen in diesem Zusammenhang zu unterstützen.

Im Zuge der Entwicklung der Seestadt Aspern wurde im Jahr 2012 die Entscheidung getroffen, sämtliche öffentlichen Straßen, Gassen, Plätze und Parkanlagen in diesem größten Stadtentwicklungsgebiet Wiens nach Frauen zu benennen. Damit sollte der damals bei nur fünf Prozent liegende Anteil der Frauen an öffentlichen Ortsbenennungen in ganz Wien entscheidend angehoben werden. Vor allem wurde und wird damit aber ein bewusstes und sichtbares Zeichen gesetzt, dass es hier ein Ungleichgewicht aus der Welt zu schaffen gilt, für das die Ortsbenennungen nur ein oberflächliches sichtbares Symbol darstellen und das im Gewebe unserer Strukturen und Systeme sehr viel tiefer verwurzelt ist.

Bislang sind in der Seestadt Aspern 54 Ortsbenennungen nach Frauen erfolgt, viele weitere werden noch folgen. Dieser scheinbar simple Verwaltungsvorgang einer Straßenbenennung führt dazu, dass plötzlich eine Plattform geboten wird, sich mit den Leben der dahinterstehenden Frauen auseinanderzusetzen und deren Leistungen und Biografien in all ihrer erstaunlichen Vielfalt und Kraft sichtbar zu machen. Damit wird dem Stadtteil und den Gebäuden, in denen Menschen wohnen und arbeiten, eine Adresse gegeben, die nicht nur der Auffindbarkeit dient, sondern die eine ganz spezielle Geschichte erzählt, mit der sich jede und jeder ganz persönlich verbinden kann. Es ist daher kein Zufall, dass das in zwei Teilen stattfindende Symposium im Jahr 2021 durch weitere Aktivitäten auch noch eine Brücke in die Seestadt Aspern schlagen wird.

Ich danke neben den beteiligten Planerinnen und Protagonistinnen vor allem Katja Schechtner und Wojciech Czaja für ihre Initiative, für ihre Forschungen und für die Weiterführung der Debatte in der hier nun vorliegenden Publikation. Das alles zusammen bildet einen wichtigen Beitrag zu der oben erwähnten Selbstverständlichkeit.

Frauen Bauen Stadt
The City Through a Female Lens

Wojciech Czaja, Katja Schechtner

„The point of cities is multiplicity of choice."

Jane Jacobs

Im Jahr 2030 werden 2,5 Milliarden Frauen in Städten leben und arbeiten. Und zwar in Städten, die in den allermeisten Fällen von Männern in Auftrag gegeben, geplant und gebaut wurden. Nach Jahrhunderten männlich dominierter Stadtplanungskultur stellt sich daher die dringliche Frage: Wie viel Weiblichkeit bietet die Stadt von morgen? Inwiefern wird die Stadt der Zukunft auf die Wünsche und Bedürfnisse von Frauen zugeschnitten sein? Und welche Rolle spielen dabei Gestalterinnen, Architektinnen und Stadtplanerinnen?

Tatsächlich gibt es in den letzten 150 Jahren viele bedeutende Leistungen von Frauen, die die heutige Stadt geprägt, gestaltet und maßgeblich beeinflusst haben. Ihre Beiträge reichen von kleinen Impulsen, die Auswirkung auf unseren städtischen Lebensalltag haben, über Brücken, Plätze und Parklandschaften bis hin zu Planungen für Stadterweiterungsgebiete und ganze Städte. Viele Projekte der in diesem Buch vorgestellten Urbanistinnen sind aus den uns bekannten Städten längst nicht mehr wegzudenken – ob das nun das weltweit eingesetzte Stadtmöbel *Enzi*, die Brooklyn Bridge im Big Apple oder der Masterplan für die australische Hauptstadt Canberra ist.

Wirft man einen umfassenden, tieferen Blick in die Gegenwart und Geschichte der Stadtplanung, so wird man bald feststellen, dass die Liste an Architektinnen, Stadtplanerinnen, Projektentwicklerinnen, Entscheiderinnen und tatkräftigen Stadtbaudirektorinnen eine ziemlich lange ist. In unserer Arbeit haben wir sie überall auf der Welt angetroffen – die Pariser Architektin, die in Australien ein Kulturquartier baut, die indonesische Verkehrsplanerin, die in Afghanistan längst überfällige Straßenbauprojekte realisiert, oder etwa die slowenische Künstlerin, die in Dürregebieten in Südafrika und Venezuela mit der Bevölkerung Trockentoiletten und Regenwasser-Zisternen errichtet.[1]

1 Marjetica Potrč, siehe auch Porträt S. 144 und Essay S. 176.

↑ Die Liste an Architektinnen, Stadtplanerinnen, Projektentwicklerinnen, Entscheiderinnen und Stadtbaudirektorinnen ist eine ziemlich lange. Genau diesen Urbanistinnen in der Gegenwart und Geschichte widmet sich die Ausstellung *Frauen Bauen Stadt* in der Seestadt Aspern.

Gleichzeitig wurde uns mit der Zeit jedoch mehr und mehr bewusst, dass diese Frauen eine zwar tragende, zentrale Rolle in der Fachwelt spielen, in der öffentlichen Wahrnehmung es aber immer noch ihre männlichen Kollegen sind, die Interviews geben, an Podiumsdiskussionen teilnehmen oder von Verlagen zu Buchkooperationen eingeladen werden. Nach einer langen Zeit, in der Frauen also auf Stadtplänen verschwiegen, aus Teamfotos ausgeschnitten und bei internationalen Preisen und Würdigungen bewusst ausgeklammert wurden, ist es nun höchste Zeit, die Arbeit dieser Stadtdenkerinnen und Stadtgestalterinnen anzuerkennen und ihnen den gebührenden Raum zu geben.

In den letzten zehn Jahren haben sich bereits einige Bücher und Ausstellungen mit der Rolle von Architektinnen auseinandergesetzt und ihre historischen und zeitgenössischen Beiträge zusammengetragen und sichtbar gemacht. Zu den in der Fachliteratur am meisten beachteten Büchern zählen *Where Are the Women Architects?* von Despina Stratigakos, *Women in Architecture. Past, Present, and Future* von Ursula Schwitalla, *Chasing the Sky. 20 Stories of Women in Architecture* von Dean Dewhirst, *Women Design. Pioneers in architecture, industrial, graphic and digital design from the twentieth century to the present day* von Libby Sellers sowie das 2019 erschienene knallrote Werk *Breaking Ground. Architecture by Women* von Jane Hall, Partnerin im Londoner Architekturkollektiv Assemble.

Auch Ausstellungen haben sich mit dem Thema intensiv auseinandergesetzt. Dazu zählen beispielsweise *Urbanistas. Women Innovators in Architecture + Urban + Landscape Design*[2], die 2015 in der Roca London Gallery zu sehen war, die Wanderausstellung *Frau Architekt. Seit*

2 Die Ausstellung nach einem kuratorischen Konzept von Lucy Bullivant holte Positionen britischer Architektinnen und Stadtplanerinnen vor den Vorhang – mit Projekten von AWP, Alison Brooks Architects, Bauman Lyons Architects, muf architecture/art und J&L Gibbons.

→

Fokus Bauen: Im Zentrum der Ausstellung stehen 18 Stadtplanerinnen aus aller Welt sowie ihre gebauten, realisierten und von der Bevölkerung akzeptierten urbanen Projekte, die die Stadt prägen und im kollektiven Bewusstsein ein urbanes Vermächtnis darstellen.

←

Die Stadt als Museum für alle: Die Ausstellung *Frauen Bauen Stadt* steht im öffentlichen Freiraum in der Seestadt Aspern. Der Wangari-Maathai-Platz neben der U2-Endstation wird dabei zum Begegnungs- und Diskussionsraum.

mehr als 100 Jahren: Frauen im Architektenberuf[3] im Deutschen Architekturmuseum (DAM) in Frankfurt am Main (2017), deren Co-Kuratorin Mary Pepchinsky in diesem Buch einen Essay zum Berufsleben von Architektinnen beigetragen hat, sowie in gewisser Weise auch die Architektur-Biennale 2018 in Venedig, die von den beiden Pritzker-Preisträgerinnen Yvonne Farrell und Shelley McNamara[4] kuratiert und unter das urbanistisch höchst relevante Generalmotto *FREESPACE* gestellt wurde.

In genau diese Strömung[5], die sich um eine längst überfällige Korrektur in der Wahrnehmung, Vermittlung und Dokumentation weiblicher Architektur-Œuvres bemüht, reiht sich auch das hier vorliegende Buch *Frauen Bauen Stadt* – mit einem Fokus auf Stadtplanung, Stadtkultur und Städtebau gestern, heute, morgen. Gemeinsam mit Expertinnen und Experten ganz unterschiedlicher Fachrichtungen – das Spektrum reicht von Forscherinnen über praktizierende Architektinnen und Stadtplanerinnen bis hin zu Künstlerinnen, Kuratorinnen und durch die Stadt spazierende Vermittlerinnen – möchten wir die zahlreichen, vielfältigen und zum Teil auch widersprüchlichen Facetten von Stadt „through a female lens" betrachten.

Um die hierin versammelte interdisziplinäre Vielfalt an Essays und Interviews zu strukturieren, gliedert sich das Buch in drei Teile: Im ersten Drittel widmen wir uns der Analyse der letzten anderthalb Jahrhunderte und werfen einen Blick auf *The City* – also auf Architektur, Stadtplanung, Stadtkultur, Genderforschung, Ausbildung, Berufsalltag sowie urbanistische Praxis, Lehre und Theorie im internationalen Raum. Die Reise beginnt im Innenhof der eigenen Wohnhausanlage, setzt sich in neu entdeckten Stadträumen im dritten, vierten oder fünften Stock fort und endet im luftleeren Raum, irgendwo 400 Kilometer über der Erde.

In einem weiteren Drittel lassen wir all jene Expertinnen zu Wort kommen, die sich mit dem Lebenskonstrukt Polis auf diskursive Weise auseinandersetzen. Unter dem Titel *The Lens* tragen wir unterschiedliche Betrachtungen zu feministischer Baukultur und Rezeption in Kunst, Medien und Gesellschaft zusammen und fragen bei all jenen nach, die in ihrer täglichen Arbeit mit Bau- und Stadtkultur zu tun haben und zu einer Vermittlung und Verbesserung des Schauens und Nachdenkens beitragen. Und so befasst sich dieser Teil des Buches etwa mit Stadtkonflikten, Kuratorenschaften, neuen Technologien, Einblicken in die Immobilienbranche, Filmen, Tänzen, Revolutionen und fußläufigen Erkundungen des Stadtraums.

Im dazwischen liegenden Drittel schließlich stellen wir in 18 Spotlights – als charakteristische Beispiele für die enorme Bandbreite von Stadt – ausgewählte Protagonistinnen aus aller Welt vor und holen ihre urbanistischen Schlüsselprojekte vor den Vorhang. Die Beiträge der in diesem Buch porträtierten Architektinnen, Stadtplanerinnen, Städtebauerinnen, Landschaftsarchitektinnen und Künstlerinnen umfassen Masterpläne, Verkehrsbauten, öffentliche Plätze, dreidimensionale Stadt-

3 Bis heute wandert die Ausstellung durch Deutschland, Griechenland und die Türkei. KuratorInnenteam: Christina Budde, Mary Pepchinski und Wolfgang Voigt. Siehe auch den Beitrag *In Search of Frau Architekt* von Mary Pepchinski, S. 186.

4 Die beiden Kuratorinnen leiten gemeinsam das Architekturbüro Grafton Architects in Dublin, eines der führenden Planungsbüros unter ausschließlich weiblicher Geschäftsführung. Siehe auch Porträt S. 116.

5 Auch die Vereinten Nationen haben sich mit ihren 17 *Sustainable Development Goals* den Themen *Gender-Equality* (Punkt 5) und *Nachhaltige Stadtplanung* (Punkt 11) verschrieben.

→

Gesichter einer neuen Stadtplanungskultur: Die in der Ausstellung und in diesem Buch porträtierten Frauen reichen von einer Emily Warren Roebling, die 1883 die Brooklyn Bridge fertiggestellt hat, bis zu zeitgenössischen praktizierenden Urbanistinnen im Global North und Global South.

landschaften, grüne Infrastrukturen und mobile, temporäre, künstlerische Impulse, die in ihrer Kleinheit mitunter enorme Auswirkung darauf haben, mit welcher Selbstverständlichkeit sich eine diverse, inklusive und gendergerechte Stadt heute präsentieren kann.

In manchen Fällen sind die Arbeiten der gestaltenden Frauen weit bekannt, ja sogar weltberühmt. In manchen Fällen wurden und werden die Namen und Gesichter der Architektinnen und Stadtplanerinnen neben ihren männlichen Kollegen in der Öffentlichkeit und in der Welt der Medien und Auszeichnungen schlichtweg ausgeblendet. Und in manchen Fällen sind die Frauen in Vergessenheit geraten und ihre Werke in den Archiven unter den Zahnrädern der Zeit verschwunden. Manchmal findet man kaum noch Fotos oder Originalzitate.

Die Auswahl der 18 Urbanistinnen ist uns nicht leicht gefallen, und oft mussten wir daran denken, wie Jane Hall in ihrem Buch *Breaking Ground* ihre lange Liste von über 800 Stadt- und Architekturschaffenden auf eine buchkonforme, lesbare Anzahl reduzieren musste.[6] Neben sechs urbanen Kategorien, die wir ausgewählt haben, um den Makrokosmos Stadt in seiner Heterogenität überhaupt fassbar machen zu können, gab es vor allem drei Kriterien, die uns in der Auswahl der möglichst weltumspannenden, viele klimatische, geografische und soziokulturelle Räume abbildenden Projekte und Protagonistinnen unterstützt haben:

Erstens handelt es sich bei all diesen Positionen um realisierte Projekte. Zweitens stoßen die urbanistischen Beiträge in Medien, Fachwelt und breiter Bevölkerung auf Resonanz und beständige Auseinandersetzung. Und drittens prägen sie die Stadt und stellen ein urbanes Vermächtnis im kollektiven Bewusstsein dar, das mitunter Jahrzehnte später noch nachhallende Wirkung zeigt – etwa, wenn der Zina-Dizengoff-Platz in Tel Aviv[7], der nach dem Tod seiner Architektin Genia Awerbuch verändert und bis zur Unkenntlichkeit zerstört wurde, im Jahr 2018 wieder rekonstruiert und in seine ursprünglich konzipierte Form rückgeführt wird. Ein Beweis dafür, dass Qualität nicht in urbane Vergessenheit gerät.

6 Siehe Interview S. 154.

7 Siehe Porträt S. 98.

↑ Stadt ist ein Ort von Vielfalt und Gegensätzlichkeit. Und idealerweise auch von Planungsdiversität. Ausstellungsgestaltung: MVD Austria.

Wir möchten mit *Frauen Bauen Stadt* einen Diskurs auf mehreren Ebenen anregen. Und so ist dieses Buch nur ein Format von vielen, nur eine Möglichkeit unter verschiedenen Auseinandersetzungen mit dem Thema. Begleitet wird diese Publikation, die ohne die finanzielle und inhaltliche Unterstützung der Stadt Wien / wiener wohnbau forschung nicht möglich gewesen wäre, von einer Freiluft-Ausstellung, die gemeinsam mit *aspern Die Seestadt Wiens* konzipiert wurde und im Frühjahr und Sommer 2021 auf dem Wangari-Maathai-Platz in der Seestadt Aspern zu sehen war, sowie von einem zweiteiligen Symposium, das in Zusammenarbeit mit der Internationalen Bauausstellung *IBA_Wien 2022* und der Universität für angewandte Kunst Wien über die Bühne ging. Darüber hinaus sind die verschiedenen Aspekte dieses Projekts auch online dokumentiert und zugänglich.[8] An dieser Stelle möchten wir uns bei Sabina Riß und Anne Wunderlich, beide TU Wien, für ihre unverzichtbare wissenschaftliche Expertise und Recherche bedanken.

The City Through a Female Lens ist eine Zusammenstellung von Vielfalt, Urbanität und Gegensätzlichkeit. Vieles davon ist noch in Arbeit, mitten im Umbruch, noch lange nicht fertig. Dass der Status quo ein vorübergehender und noch nicht abgeschlossener Prozess ist, zeigt sich nicht zuletzt im Umstand, dass wir in der deutschen Sprache bis heute noch keine einheitliche Lösung gefunden haben, um Frauen, Männer und sowohl kulturell als auch sexuell darüber hinausgehende Gender-Identitäten im gesprochenen und geschriebenen Wort gleichwertig abzubilden. Die derzeit bestehende schriftliche Vielfalt spiegelt sich auch in den jeweiligen Textbeiträgen der Autorinnen und Expertinnen wider. Dieses Buch ist Zeuge einer spannenden Zeit.

Denn Frauen bauen Stadt.

8 www.frauenbauenstadt.at.

The City

Architektinnen und Stadtplanerinnen: Geschichte, Sichtbarmachung, Gleichstellung

Sabina Riß

° 1971, ist Architektin und Wissenschaftlerin an der Fakultät für Architektur und Raumplanung der TU Wien. Ihre Forschungs- und Lehrschwerpunkte sind u. a. Gender-Equality im Berufsfeld Architektur sowie in der Architektur- und Stadtplanung. 2019 erhielt sie den Dissertationspreis der Stadt Wien, Kulturabteilung MA 7.

Seit wann sind Frauen an der Planung der gebauten Umwelt beteiligt? Welchen Beitrag leisten Publikationen, Ausstellungen und internationale Forschungsprojekte? Und wie stellt sich die berufliche Situation von Architektinnen und Stadtplanerinnen heute dar? Ein geschichtlicher Rückblick ins 20. Jahrhundert.

Geschichte von Frauen in der Planungspraxis

Historisch gesehen sind Frauen erst kurz im Architekturgeschehen tätig. Im deutschsprachigen Raum gab es in der ersten Hälfte des 20. Jahrhunderts nur etwa 80 Architektinnen.[1] Im männlich dominierten Berufsfeld Architektur wurde Frauen großer Widerstand entgegengebracht. Selbstständig tätige Architektinnen mit eigenem Architekturbüro waren die Ausnahme. International traten nur ganz wenige Frauen mit Gebäuden in die Öffentlichkeit. Auch in der zweiten Hälfte des 20. Jahrhunderts erhöhte sich der Frauenanteil unter Architekturschaffenden nur langsam. Der Anteil von Frauen unter registrierten und befugten Architekt*innen stieg von ein Prozent in den 1940er-Jahren bis auf etwa sieben Prozent in den 1990er-Jahren. Nur wenige Architektinnen übten ihre selbstständige Berufstätigkeit alleine aus. Die meisten waren in Büropartnerschaften tätig und standen dabei beruflich im Schatten der Männer. Insgesamt wurden die Werke von Architektinnen öffentlich wenig wahrgenommen, dokumentiert oder publiziert.

↑ 1981 wurde in London die Matrix Feminist Design Co-Operative gegründet, um patriarchalische Raumsysteme in Frage zu stellen. *Making Space. Women and the Man-Made Environment* ist eine von vielen Publikationen.

Für das 20. Jahrhundert ist international eine auffällige Unterrepräsentanz von Frauen in Architektur, Stadtplanung, Stadtverwaltung und Wohnungswirtschaft sowie in Jurys, Gremien, Wettbewerben, Berufsverbänden und Standesvertretungen feststellbar. Auch der diskriminierende Umgang von Medien und Institutionen mit Architektinnen sei hier mit zwei Beispielen erläutert: 1984 wurde in der *Bauwelt 11* ein Foto vom Richtfest des Hauses Poelzig aus 1930 publiziert, auf dem die Architektin, Marlene Moeschke-Poelzig, die im Originalfoto im Vordergrund ist, nicht mehr zu sehen ist. 1991 wurde der Pritzker-Preis ausschließlich an Robert Venturi verliehen, obwohl er damals bereits 22 Jahre lang gemeinsam mit Denise Scott Brown praktiziert hatte. Die rückwirkend beantragte Anerkennung für Denise Scott Brown 2013 wurde von der Pritzker-Preis-Jury abgelehnt.

1 Eichhorn, Ulrike: *Architektinnen. Ihr Beruf. Ihr Leben*, Berlin, Edition Eichhorn 2013.

↑ Spatenstich: Eine der Architektinnen und Stadtplanerinnen, die in Jane Halls Buch *Breaking Ground* eine zentrale Rolle spielen, ist Denise Scott Brown. Im Uhrzeigersinn: Franklin Court in Philadelphia (1976), Gordon Wu Hall in Princeton (1983), Provinzverwaltung in Toulouse (1999).

2020 beträgt der Frauenanteil unter registrierten und befugten Architekt*innen EU-weit durchschnittlich 42 Prozent, davon in Deutschland 34 Prozent und in Österreich nur 19 Prozent. In den Verwaltungsbereichen der Stadtplanung sind Leitungspositionen und Ausschüsse zu Raumordnung, Stadtplanung und Stadtentwicklung jedoch weiterhin stark männlich dominiert.

Forschung und Medien zur Sichtbarmachung der Problematiken wie auch Leistungen von Architektinnen

„Frauen bauen heute (mit), mehr als je zuvor in der Geschichte des Bauens, und ihr Beitrag wird immer mehr sichtbar", konstatiert Barbara Zibell 2013, allerdings sei man „von einer selbstverständlichen und gleichberechtigten Beteiligung von Frauen am Planen und Bauen [...] immer noch weit entfernt".[2]

Ein wichtiger Grund dafür ist die international auffällige Reduktion des Frauenanteils im Karriereverlauf von Architekturabsolvent*innen. Schon seit Längerem werden mit Forschungsprojekten die Gründe untersucht und notwendige Gegenmaßnahmen für die Verbesserung der Geschlechterverhältnisse und deren Implementierung erarbeitet. Dazu zählt „Yes we plan!"[3], ein seit 2019 laufendes EU-Projekt von Erasmus+, das von Partnerorganisationen aus Deutschland, Österreich, Frankreich, Spanien und Slowenien durchgeführt wird. Auf gesamteuropäischer Ebene agiert die Task-Force „Women in Architecture" des Architects' Council of Europe (ACE).[4] Ziel ist die europaweite, detaillierte Erhebung der herausfordernden Situation für Architektinnen und ein europaweites Empowerment. Die Leiterin, die österreichische Architektin Ursula Faix, stellt klar: „Gender equity is a business case" und „institutions empowering women empower themselves".

2 *Frauen planen und bauen*, in: *[Umrisse]. Zeitschrift für Baukultur*, 2013, S. 6–12.

3 https://yesweplan.eu/.

4 https://www.nax.bak.de/service/newsletter/archiv/newsletter-lang/nax-report-04-2018-langform/nax-report-04-18-ace-tf-women-in-architecture/.

↓ Finde den Fehler! In der *Bauwelt 11* fand das Richtfest des Hauses Poelzig in Krefeld, Stadtteil Kliedbruch, offiziell ohne Marlene Moeschke-Poelzig statt. Die Architektin wurde im Bildlayout weggeschnitten.

Lieber Herr Conrads,

gelegentlich gerne bemüht, die leeren Seiten Ihres Blattes zu füllen – manchmal würde ich allerdings auch die allzu vollen gerne etwas lichten –, ist mir auf Ihre ¾-Jahrhundert-Frage eingefallen:
Hans Poelzigs Frau Marlene war Architektin und hat das eigene Poelzigsche Wohnhaus in der Tannenbergallee in Berlin-Neuwestend allein entworfen.
Der Meister hat sie machen lassen, das ist Liebe.
Zugegeben: Diese Erinnerung ist nur ein Vorwand, um Ihnen ein Foto zu zeigen, das Fritz Jaenecke aus Schweden mitbrachte, als wir 1974 unter Peter Poelzigs Vorsitz im Preisgericht für die Neubauten im Rudolf-Virchow-Krankenhaus gemeinsam, aber vergeblich den Entwurf von Ludwig Leo durchsetzen wollten (übrigens auch im Sinne Ihrer Fragestellung eine der betrüblichen Fehlentwicklungen, daß dies nicht gelungen ist).
Das Bild zeigt beim Richtfest für das Haus in der Tannenbergallee vorne rechts Hans Poelzig, dahinter seinen noch schwarzhaarigen Sohn Peter, links vorne die linke Hand der Architektin (ob Fritz Jaenecke den Körper abgeschnitten hat?), dahinter die rechte Hand Poelzigs, den Bürochef Zimmermann, auch mit Zigarre, neben ihm Martin Wagner und im Hintergrund Jaenecke – noch ganz Otto Normalverbraucher –, der die Bauleitung der Marlene-Villa machte, darüber aber scheiterte.
Er hat uns das ausführlich geschildert.
Nochmal zugegeben: Auch dies ist immer noch ein Vorwand. Was ich wirklich – von Jaenecke authentisch verbürgt und berichtet – weitergeben möchte: Hans Poelzig, von Frau und Bauleiter nach besonderen Wünschen befragt, hatte diese Antwort: Mir ist ganz egal, was Ihr baut, Hauptsache Ihr legt das Lokusfenster so, daß ich beim Scheißen in den Grunewald sehen kann!
Ganz in diesem Sinne
Ihr Cornelius Hertling, Berlin

1984

Bauwelt 1984 Heft 11 437

↑ Auf dieser Fotografie, die u. a. in *Die Ingenieurin* (Ausgabe April/2018) veröffentlicht wurde, stellt sich eine andere Realität dar. Links im Bild: Architektin Marlene Moeschke-Poelzig.

Auch Publikationen und Ausstellungen legen einerseits die Rahmenbedingungen und Problematiken im Architekturberuf dar und machen andererseits Geschichte und Leistungen von Architektinnen sichtbar. Publikationen wie *Where are the Women Architects*[5] von Dspina Stratigakos aus dem Jahr 2016 geben Einblick, warum Frauen immer noch darum kämpfen, in der Architektur Fuß zu fassen. Dass Architektinnen auch 100 Jahre nach Studienzulassung noch Schwierigkeiten haben, leitende Positionen einzunehmen und adäquat wahrgenommen zu werden, zeigt auch die Ausstellung *Frau Architekt. Seit über 100 Jahren: Frauen im Architekturberuf*[6], die seit 2017 in Deutschland tourt. Sie bietet einen umfassenden Überblick über deutsche Architekturpionierinnen. Kompetenz zeigen durch Sichtbarmachung ist auch das Motto des Buches *Breaking Ground* von Jane Hall aus 2019, mit einem beeindruckenden visuellen Überblick von über 200 Gebäuden, die vom Anfang des 20. Jahrhunderts bis zur Gegenwart von Frauen entworfen wurden.

Um die vielfältigen Bedürfnisse in der Nutzung von Städten zu integrieren, braucht es eine adäquate Diversität unter Planenden – und damit gleichberechtigte Teilhabe von Frauen. Für die Planung einer chancengleichen gebauten Umwelt benötigt es die Verbesserung der ungleichen und Frauen ausschließenden Rahmenbedingungen sowie die Erhöhung der Sichtbarkeit der Kompetenz von Frauen.

5 https://press.princeton.edu/books/paperback/9780691170138/where-are-the-women-architects.

6 https://architekturmeldungen.de/frau-architekt-seit-ueber-100-jahren-frauen-im-architekturberuf/.

Aufwärts, seitwärts, vorwärts

Maik Novotny

° 1972, ist Architekturjournalist, Autor und Moderator in Wien. Er schreibt für den *Standard* und den *Falter* sowie in Fachmedien und Büchern. Er lehrt an der TU Wien und forschte in London als Stipendiat der Harvard Graduate School of Design. Zudem ist er Vorstandsmitglied der Österreichischen Gesellschaft für Architektur (ÖGFA).

Städtebauerinnen und Stadtplanerinnen im internationalen Raum. Über die Upward Mobility von Frauen in der internationalen Architektur und Stadtplanung, ihre Rolle im System – und ihre oft unerwarteten Erfolgsgeschichten über alle ideologischen und Eisernen Vorhänge hinweg.

Genau ein Kilometer Luftlinie beträgt die Entfernung zwischen 11 Hambledon Place und 177 Dunstans Road. Beides Adressen im Südlondoner Vorort Dulwich. Beides Orte, die von jeweils einer Frau geprägt wurden. Doch zwischen diesen beiden Frauen lag mehr als ein Kilometer Distanz. Ideologisch waren sie so weit voneinander entfernt wie der Nord- vom Südpol.

→

Kate Macintosh vor ihrem Wohnkomplex Dawson's Heights. Das Foto entstand anlässlich der Verleihung des Jane Drew Prize 2021 für ihren Beitrag zur Etablierung von Frauen in Architektur und Design.

11 Hambledon Place, eine sehr englische Villa im Grünen, war während ihrer Amtszeit der Wohnort der eisernen Premierministerin Margaret Thatcher (1925–2013), berühmt für ihre notorische Bemerkung „There is no such thing as society" und ihr Right-to-buy-Gesetz von 1980, das Anreize für Wohneigentum schuf, aber gleichzeitig den sozialen Wohnbau im Vereinigten Königreich zum Erliegen brachte und stigmatisierte. Die desaströsen Auswirkungen dieser Politik sind bis heute spürbar.

177 Dunstans Road ist die Adresse eines dieser sozialen Wohnbauten, einer der besten in London: Dawson's Heights. Zwei gegenüberliegende langgezogene Blöcke mit sehr englischen gelben Ziegelfassaden, abgestuft in Höhe und Breite, stolz auf einem Hügel mit Weitblick bis zur City thronend. Entworfen wurde Dawson's Heights 1964 von der damals gerade 26 Jahre alten Architektin Kate Macintosh, Spross einer schottischen Sozialistendynastie.

Hier der private Wohlstand hinter Zaun und Hecke, dort ein komplexes Gebirge mit 296 Wohnungen, das den weniger Betuchten den schönsten Blick vom Gipfel des Hügels gestattet. Man kann sich vorstellen, wie Margaret Thatchers Augenbrauen sich jeden Morgen verengten, wenn sie aus dem Fenster der Limousine blickte und in der auf dem Hügel thronenden Wohnburg die Manifestation all dessen sah, gegen das sie kämpfte: „There is such a thing as society." Die einzige Parallele zwischen Thatcher und Macintosh: Beides waren Frauen, die sich in einer von Männern dominierten Zeit in einem von Männern dominierten Beruf durchsetzten.

Bei Thatcher kam noch dazu, dass sie als Tochter eines Gemüsehändlers nicht Teil der Schicht war, aus der sich Politiker damals rekrutierten. Dass sie es dennoch schaffte, formte ihr Credo, das Eigeninitiative alles und Solidarität nichts sei. Doch waren es fast immer linke Regierungen, die (in England etwa mit den neuen Universitäten und Kunstschulen der 1960er-Jahre) wirklich eine Upward Mobility ermöglichten, während sich unter Thatchers Regierungen die Klassenunterschiede deutlich verschärften.

Was dies mit Frauen in der Architektur zu tun hat? Alles – denn eine Durchlässigkeit im Bildungssystem und ein Abbau von Schranken ist für die Gleichberechtigung essenziell. Man muss keine Sozialistin sein wie Clara Zetkin („Die Arbeiterfrauen erwarten für ihre Emanzipation nichts von der Frauenbewegung der Bourgeoisie"), um die Frauenfrage als Verwandte der Klassenfrage zu sehen.

Nicht zu Unrecht galten die sozialistischen Staaten als den westlichen überlegen, was die Frauenerwerbsquote betraf. In der DDR waren in den 1980er-Jahren um die 47 Prozent aller Erwerbstätigen weiblich, in der BRD gerade ein Drittel. Dies galt auch für die Architektinnen, dennoch ist die Zahl der Frauen unter den bekannten Architekturschaffenden der Ost- und Sowjetmoderne gering. Auch hier gaben in der Praxis oft die Männernetzwerke den Ton an.

↑ Iris Dullin-Grund war Stadtarchitektin von Neubrandenburg. Auf dem Modell deutet sie auf das neue Stadterweiterungsgebiet Datzeviertel im Norden der Stadt.

← Iris Dullin-Grund war auch für architektonische Modellversuche verantwortlich, etwa die erstmalige Umsetzung der Wohnungsbauserie 70 (WBS 70). Im Bild: Blick auf Berlin-Marzahn.

In der Ausstellung *Frau Architekt*, die 2017 am Deutschen Architekturmuseum (DAM) in Frankfurt/Main gezeigt wurde, kamen auch zwei ostdeutsche Architektinnen vor. Dabei waren die Anfangsjahre – trotz des Slogans „Unsere Frauen planen mit" – noch keineswegs von Gleichberechtigung geprägt, wie Tanja Scheffler anlässlich der Ausstellung in der Zeitschrift *Bauwelt* schrieb: „Den meisten wurden weniger prestigeträchtige Aufgaben zugeteilt, in der Innenarchitektur, Garten- und Grünflächengestaltung. Auch der Industriebau bot ein breites Betätigungsfeld für Bauingenieurinnen und Architektinnen. Frauen durften in dieser Frühphase vor allem rechnen, kalkulieren, projektieren, konstruieren und ausführen, aber kaum entwerfen."[1]

Dies änderte sich später, als der großmaßstäbliche Wohnbau zur wichtigsten Aufgabe wurde. Hier waren die Architektinnen Edith Diehl (°1931) in Ost-Berlin, Sigrid Schaller (°1941) in Halle oder Sigrid Maciaszek (°1935) in Eisenhüttenstadt federführend beteiligt. Iris Dullin-Grund (°1933) wiederum hielt bis zur Wende in Neubrandenburg den in der DDR enorm einflussreichen Posten der Stadtarchitektin inne, den höchsten erreichbaren Posten für ArchitektInnen in der DDR. Unter ihrer Ägide wuchs Neubrandenburg auf rund das Doppelte. Das vorgegebene Ziel war, die Stadt mit einer anvisierten Einwohnerzahl von 100.000 zum Zentrum der nördlichen DDR zu machen. 90.000 waren es zum Zeitpunkt des Mauerfalls.

Neben der Planung der Infrastruktur und neuer Großwohnsiedlungen war Dullin-Grund auch für architektonische Modellversuche verantwortlich, etwa die erstmalige Umsetzung der Wohnungsbauserie 70 (WBS 70), die zu einer der meistverwendeten Wohnungsbautypen im DDR-Plattenbau werden sollte, mit insgesamt 644.900 Wohneinheiten bis 1990. In den großen Planungskollektiven herrschte tatsächlich Geschlechterparität, in der Architekturgeschichtsschreibung fanden aber wie gewohnt nur Namen der Männer Eingang – und das tun sie, abgesehen von kleinen Korrekturen, bis heute.

Auch die lettische Architektin Marta Staņa (1913–1972) wurde erst im 21. Jahrhundert wiederentdeckt, dabei war ihr unübersehbares Hauptwerk das 1976 eröffnete Daile-Theater in Riga (gemeinsam mit Imants Jakobsons und Haralds Kanders) mit seiner langen einladenden Glasfront, damals das größte staatliche Theater der lettischen SSR. 2010 widmete sich eine Ausstellung in Riga dem Erbe der in Vergessenheit geratenen Architektin und dem feministischen Diskurs in den 1950er- und 1960er-Jahren.[2]

In Estland verlief die Entwicklung ähnlich: Hatten vor 1945 gerade mal zwei Frauen die Architekturschule in Tallinn absolviert, war schon in den 1950er-Jahren Geschlechterparität bei den Studierenden hergestellt. Anders als im Westen übertrug sich dieses Verhältnis auch praktisch 1:1 in den Beruf, da der Hausfrauenjob als nicht erstrebenswert galt. Ähnlich wie im Westen jedoch ließen sich männliche Vorurteile und Netzwerke nicht beiseiteräumen. Mit einer Ausnahme: Bei ländlichen Bauaufgaben, dem Neuaufbau der Kolchosen, fanden Architektinnen ein weites Tätigkeitsfeld vor, wie die Architekturforscherin Ingrid Ruudi berichtet.[3]

1 Scheffler, Tanja: *Die großen Unbekannten: Architektinnen der DDR*, in: *Bauwelt*, 22, 2017.

2 *Marta Stana: Behind the Curtain*, Contemporary Art Centre, Riga, 5.11.–19.12.2010.

3 Ruudi, Ingrid: *Women architects in Soviet Estonia: Four approaches to design in a rural context*, abgerufen auf ingridruudi.ee.

↓ Mart Port, Malle Meelak, Kalju Luts und Inessa Põldma von EKE Projekt präsentieren ihr Modell der Planstadt Väike-Õismäe.

↑ Die Landwirtschaftlich-Technische Hochschule in Jäneda gilt als Meisterwerk estnischer Architektur und wurde 1970 von Valve Pormeister erbaut. Bis heute befindet sich das Gebäude in einem guten Zustand.

Das 1966 gegründete Planungsbüro EKE Projekt versammelte experimentierfreudige junge AbsolventInnen, die Auftraggeber auf den Kolchosen waren oft ebenso jung und offen. EKE Projekt etablierte sich schnell an der planerischen Vorderfront ländlicher Siedlungsplanung. In den 1970er- und 1980er-Jahren waren hier 90 ArchitektInnen beschäftigt, davon 18 Frauen. Die estnische Kolchosenplanung wurde so zu einer einzigartigen und vielbeachteten Subszene im sowjetischen Architekturuniversum, und die Planungsaufgaben waren im Umfang oft größer als jene in den Städten.

Eine wichtige Akteurin war die ausgebildete Landschaftsarchitektin Valve Pormeister (1922–2002), die in ihrer langen Karriere zahlreiche ländliche Siedlungen, Ortszentren und Friedhöfe plante – formell teilweise von finnischer Architektur inspiriert, die sich durch die Nähe der beiden Staaten ab Ende der 1960er-Jahre ergab. Ein herausragendes Beispiel ihrer feinfühligen Adaption der internationalen Moderne ist der Campus der Landwirtschaftlich-Technischen Hochschule in Jäneda (1968–1975), den sie terrassenartig in die Hügellandschaft integrierte.

↑ Valve Pormeister, verdiente Architektin der Estnischen SSR, diskutiert mit Jüri Esinurme, Bauleiter der Landwirtschaftlich-Technischen Hochschule in Jäneda.

Pormeister erhielt für ihr Werk wichtige estnische Auszeichnungen, unter anderem 1965 und 1967 den Staatspreis der Estnischen SSR und im Jahr 2000 den Kulturpreis der Republik Estland. 1967 wurde ihr der Titel „Verdienter Architekt der Estnischen SSR" verliehen. Pormeister gilt bis heute als Grande Dame der estnischen Architektur. Doch auch weniger prominente Frauen hinterließen in Estland ihre individuellen Spuren. Ell Väärtnõu (°1939), die sich unter anderem auf Holzbauten für Jugendcamps spezialisierte, griff wiederum Elemente der japanischen Architektur auf.[4]

Eine Besonderheit der Architektinnen hinter dem Eisernen Vorhang war, dass sie auch in den stereotyp „maskulinen" Bereichen des Berufs tätig waren, nämlich als Ingenieurinnen. Wohl niemand verkörpert diesen Vorstoß in neue Welten so exemplarisch wie Galina Balaschowa (°1931). Schon als kleines Kind formte sie Häuser aus Lehm, und als ihre Babuschka ihr empfahl, sie solle doch Architektin werden, tat sie genau das. Ihr früher Entwurf für ein Zweifamilienhaus von 1951 ließ noch nichts ahnen, was folgen sollte: brav, breit, Satteldach, Tür, kleine quadratische Fenster.

Der nächste Schritt ging in die städtische Breite: Von 1957 bis 1963 entwarf sie im Konstruktionsbüro OKB-1 großmaßstäbliche Wohnsiedlungen im Umland von Moskau. 1963 wechselte sie in die Abteilung für Raumfahrt, ihre Karriere startete in die Höhe, auf eine einzigartige Umlaufbahn. Die ersten Kosmonauten hatten sich über die funktionale Enge der Kapseln beschwert – und Balaschowas Aufgabe war es, für Komfort zu sorgen. Das tat sie: Ihr Entwurf für die Sojus-Raumkapsel von 1963 (mit Zeitschriftenhalter an der Wand) verbindet das Heimelige mit dem Hightech, und ihre farbigen Aquarelle sind so weit entfernt von ihrer schwarzweißen Zeichnung von 1951 wie Alpha Centauri von der Erde.

4 Ritter, Katharina; Shapiro-Obermair, Ekaterina; Steiner, Dietmar; Wachter, Alexandra: *Sowjetmoderne 1955–1991: Unbekannte Geschichten*, Zürich, Park Books 2012.

→

Die Tabiat Bridge von Leila Araghian, die 2016 mit dem Aga-Khan-Preis ausgezeichnet wurde, ist nicht nur eine Verbindung von A nach B, sondern auch ein beliebtes Ausflugsziel in Teheran.

Das Interieur eines Raumschiffs, sagte sie rückblickend, sei ebenso Architektur wie das Innere eines Hauses. Die von ihr entworfenen Schalensitze für das Sojus-Programm wurden jahrzehntelang verwendet. Balaschowa entwarf Räume und Möbel für die Schwerelosigkeit, war für grafische Leitlinien und Logos zuständig, etwa für die Typografie der Raumstation MIR. Aufgrund strengster Geheimhaltung war ihre Rolle und Tätigkeit praktisch unbekannt und wurde erst in den 2010er-Jahren vom deutschen Architekten und Publizisten Philipp Meuser (DOM Publishers) wiederentdeckt. Sie hatte es, was die buchstäbliche Distanz betrifft, von allen weiblichen Pionieren der Architektur am weitesten nach oben geschafft.

Doch die unbekannten Weiten des Weltraums sind nicht das einzig erstrebenswerte Ziel für die weibliche Upward Mobility. Auch die Horizontale bietet Möglichkeiten für Durchbrüche und unerwartete Grenzüberschreitungen. Eine solche Horizontale spannt sich seit 2014 über ein tiefes Tal mit Stadtautobahn im Norden Teherans: Die Tabiat-Brücke, ein geschwungenes Gebilde aus Stahl, breiten Ebenen und Aussichtsplattformen, ist ausschließlich Fußgängern vorbehalten und verbindet zwei vormals getrennte Parks. Entworfen wurde sie von Leila Araghian, die den Wettbewerb noch als Studentin gewann und im Alter von 22 Jahren ihr Büro gründete. „Ich wollte, dass es nicht nur eine Brücke ist, die von A nach B führt", sagt sie, „sondern ein Ort, an dem die Menschen stehen bleiben und sinnieren." [5]

Ein Ortsaugenschein bestätigt, dass diese Intention voll und ganz aufgeht. Die Stadtkulissen in alle vier Himmelsrichtungen bieten ideale Selfie-Hintergründe für Paare und Großfamilien. Schon bald nach der Fertigstellung war die Brücke aus dem Teheraner Alltag nicht mehr wegzudenken. 2016 wurde sie mit dem Aga Khan Award ausgezeichnet. Für viele kaum vorstellbar, dass im Gottesstaat einer jungen Frau eine solche Ingenieurleistung zugetraut und zugestanden wird. Doch ein Besuch an der Architekturfakultät einer iranischen Universität korrigiert dieses Klischee sofort: Überall sind selbstbewusste, kreative Frauen, die genau wissen, dass sie die Gesellschaft verändern wollen – und auch das Recht dazu haben. Genau wie Kate Macintosh vor 57 Jahren.

Diese weiß, nebenbei bemerkt, auch heute noch, was sie will. Bei einem Besuch im Mai 2017 in ihrem Haus in Winchester, kurz vor den britischen Unterhauswahlen, serviert die inzwischen 80-Jährige Tee und kommt gleich zur Sache, denn sie hat gerade aus eigenen Stücken einen Zehn-Punkte-Plan für die Wohnungspolitik von Jeremy Corbyns

5 Gespräch mit dem Autor, Mai 2017. Siehe auch Porträt S. 92.

Labour Party aufgesetzt, voll mit präzise formulierten wirtschaftlichen Kriterien. Sie legt los: „Abschaffung der Steuerbegünstigung von Neubau gegenüber Renovierung. Bodensteuern, um das Horten von Bauland auszubremsen. Ein Gesetz nach norwegischem und australischem Vorbild, das Einheimischen ein Vorkaufsrecht bei allen Grundstücken in UK einräumt. Kurz: Die Wohnungsfrage ist immer eine Frage von Boden und Eigentum." [6]

Kein Wunder, dass Kate Macintosh, die im Januar 2021 den Jane Drew Prize for Women in Architecture verliehen bekam, sich immer noch in Initiativen und Debatten der britischen Architekturszene einschaltet. Im Februar 2018 las sie bei einer Podiumsdiskussion aus dem Publikum dem Thatcheristen Patrik Schumacher von Zaha Hadid Architects wie einem ungezogenen Kind die Leviten, als dieser die Komplettherrschaft des Marktes fordert. Macintosh weiß es besser: „Thatcher glaubte, dass der freie Markt das Wohnangebot regelt. Aber der Markt weiß sehr gut, dass Mangel zu Inflation führt, und genau dieser Mangel ist im Interesse des Marktes."

Dawson's Heights steht übrigens noch immer stolz wie eine Burg auf dem Hügel in Dulwich. Vor Margaret Thatchers ehemaliger Residenz, einen Kilometer Luftlinie entfernt, hängt eine kleine blaue Gedenktafel.

6 Ebd.

"Public spaces are the crucial elements in the European polis"

French architect Manuelle Gautrand always carves atriums and terraces out of her buildings. If we climb up to a public space on the second or third floor, she says, we gain new perspectives of our cities. So, let's move up!

In 2017, you were awarded the European Prize for Architecture. What is it that makes you a laureate on a European level?

Gautrand: I am really happy about this award. The award confirms my identity and my desire to be perceived and understood not so much as an exclusively French architect but rather as a pan-European one. As far as I know I was awarded the European Prize for my humanistic approach to architecture. But also for my ceaseless efforts to place my projects in a context – an urban, social, cultural, historical, political, economic, and topographic context. Sometimes I feel like a sponge for the atmosphere and genius loci.

In his jury statement Christian Narkiewicz-Laine, sponsor of the award and President of the Chicago Athenaeum Museum of Architecture and Design, said: "Your buildings meet all requirements in terms of function, technology, craftsmanship, building culture and spatial beauty in a poetic and excellent way." What role does beauty play in architecture and urban planning?

Gautrand: A very important one, as you can imagine! However, the most essential things in architecture and urban planning are still functionality, appropriateness, suitability, sustainability, economy, ecology, and respectfulness. If all this works, if all these parameters are met, then eventually it comes down to beauty and poetry.

Do you consider your projects beautiful?

Gautrand: Of course! For many architects, beauty is not a criterion. I guess they are afraid of it. Among those who are responsible for planning and developing the city in particular, the term beauty is generally frowned upon. I don't care. It just doesn't matter. I'll keep doing what I'm good at.

Manuelle Gautrand

° 1961, studied architecture in Montpellier and founded her own office in 1991. Most of her clients are private firms and public contracting authorities in France and abroad. She had teaching positions in Paris, Karlsruhe, Vienna, Oslo, Riga, Madrid and Miami. In 2017, she was awarded the European Prize for Architecture.

Which is?

Gautrand: Being expressive and extroverted – and at the same time sensitive when it comes to thinking on an urban, humanistic level.

In recent years, you have realized some huge projects like Le Monolithe, La Belaroïa, the Hipark Paris, Le Forum in Saint-Louis, and the Cité des Affaires in Saint-Etienne. When designing your projects, how do you take the urban space into account?

Gautrand: I always try to add public spaces to my buildings – no matter whether they are residential, administration office buildings or private business facilities. I would never design a project without public space. The reason is obvious: There is a common root that characterizes and unifies all European cities in a certain way and that is the ability to create wonderful public spaces between what we call architecture. Look at Rome, look at Athens, look at Paris, Prague, Barcelona, Moscow, or Copenhagen! Unlike Asian or American cities, for example, where, when we talk about beauty, about landmarks and places of interest, we tend to think of private, non-public buildings, in European cities we often point to the beauty of the urban spaces in-between, dedicated to markets, exhibitions, parties and demonstrations. Public spaces are the crucial elements in the European polis.

Is that so still today?

Gautrand: In the late nineteenth century, more than one hundred years ago, Camillo Sitte was already complaining about the decline of public spaces and their decrease in number.

How come?

Gautrand: Two reasons: One is the increasing privatization of cities and urban texture that started already in the late nineteenth century. The other is the modern movement, which not only defined public space as the space in-between but also took it out of the spatial context and detached it as a separate functional part of the city.

← La Belaroia in Montpellier hosts not only a hotel but also rooftop terraces where people can enjoy a view of the city. It's a perfect example of Manuelle Gautrand's design strategy based on carving public spaces out of her buildings.

Very often the urban space in your projects seems to take the form of huge voids cut out of the built volume – no matter whether the urban space is at ground level or somewhere higher up, in the form of an atrium or urban terrace. How do you define urban space?

Gautrand: Currently, public space as we understand it is a two-dimensional texture within the city. But, as has been mentioned, our cities are being gradually densified, the population is growing, while the streets and squares are getting smaller and narrower. So, how should we deal with that? For example, by lifting the public spaces up from street level and putting them on top of our buildings, or just by cutting out volumes somewhere in-between. Then you'll find a piece of the public city on the first, second or third floor. The result is a Tetris-shaped architecture with voids that are, so to speak, "bitten out." And, you know what?

Tell us!

Gautrand: By moving upstairs we can, finally, admire the city from above. You go up, you orient yourself, you immediately understand the city's grid and character. Isn't that beautiful? That's exactly why I always tend to place my public spaces high up.

Going up is always a vertical challenge. How do you overcome the barrier?

Gautrand: Of course, whenever you go up you need stairs, you need an elevator, you need a lobby that welcomes you and brings you to the public space on top. But you are right, there will always be a certain kind of barrier. But I think the reward system works well, as a great view of the city will compensate you for your effort. My desire is to minimize this barrier. This means: On top of the buildings, you will always find a café, a restaurant, or a rooftop bar, but of course, you are always welcome to go up and just enjoy the space without having to spend money or consume anything.

Where does your inspiration for three-dimensional public space come from?

Gautrand: From Asia. In Tokyo, Seoul, and Hong Kong the three-dimensional aspect has been a matter of course for many, many years. People are used to being part of a three-dimensional grid when using the city. They move up and down as if they were moving horizontally. In terms of public spaces. I am most familiar with Tokyo, and I am really fond of how it works there! It's a kind of freedom. You are invited to move through the city on all its axes and dimensions – you are not forced to stay at pavement level all the time.

How do your clients react to your three-dimensional proposals? Why are they willing to invest in this asset?

Gautrand: Some understand what I am talking about, and they feel a certain responsibility to give back beauty and a bit of adventure to the city, to the public audience. And some don't.

So, what do you tell them then?

Gautrand: I tell them: Listen: if we build a public space somewhere higher up or even on top of your building people will take selfies and post them on Instagram and within just a few days you will find your building and your public space marked on Google maps and Apple maps. If we build this, everybody will be able to google your facility. At this point in the discussion they always begin to understand.

Has there ever been a veto? Have you ever been forced to give in and abstain from public spaces?

Gautrand: No. La Belaroia, the Hipark Paris and the Cité des Affaires in Saint-Etienne: All these buildings – even though partly in private or administrative use – have become part of the collective memory of the city.

Which of the three-dimensional places works best?

Gautrand: If we are talking about public spaces my favorite one is La Belaroia. Anyone who lives in Montpellier is familiar with the La Belaroia terrace. It's the best place to have a drink at sunset. You are even protected from the rain, as there is still architectural space above your head. Isn't that great?

Is there always a consumption program in your projects?

Gautrand: Not always. The Cité des Affaires, for example, is an office building with 70 percent civic administration and 30 percent private offices. In this case, there is only the public space without any program. That brings me back again to Camillo Sitte, who says that public spaces always need a program to become part of the city. And yes, without doubt it works better with a program.

One of the most unique urban repair projects is the Brädstapeln in Stockholm where you are about to build a public terrace between an existing Brutalist office building from the seventies and your rooftop extension on top.

Gautrand: The Brädstapeln is a very strong, expressive office building by Tengbom and Salamon Architects – a beautiful example of Brutalism, right in the center of Stockholm. On behalf of the city administration, we are currently working on a massive 17,000 square meter extension with a total of three floors, which will house offices, a hotel, a restaurant, and a public viewing terrace. With our extension, we are trying to reference the original aesthetic concept by adding a large, gestural landmark in the form of a diamond. With this we want to continue drawing the beautiful skyline of Stockholm. However, I am afraid that this project may not be built.

Why not?

Gautrand: The problem with Stockholm is that, when it comes to developing the city, the city administration runs a grassroot democratic policy. No politician or member of the administration will ever approve a project if most of the inhabitants and associations remain skeptical about it. And this is exactly what happened here. We have been fighting for several years now. For me, here we arrive at the limits of participation and social democracy, if I'm allowed to make a political comment. We'll see.

If you compare urban planning culture and traditions in France with urban planning in Sweden, Israel, and Australia – what are the differences?

Gautrand: There are, indeed, huge differences! At the moment, I am working on the Parramatta Civic Centre in Sydney, together with my partners at Design Inc and Lacoste+Stevenson. The building will be opened in fall 2022. In Australia, however, public spaces are rarely a subject of great attention. Like in the US, there is a lack of sensitivity, a lack of understanding about just how important public spaces are. Consequently, so far there is still no program, no choreography for the public spaces we have provided there.

How do you feel about that?

Gautrand: I'm torn between the European way, where sometimes we are a bit too maniacal as regards anticipating and programming spaces, and the Australian way, where there is too much disorder. I think this reflects quite well how we live and what different societies stand for.

Talking about your way of implementing urban spaces into the city: Do you that think that this aspect of your approach is more common among women than men?

Gautrand: I was never a man before being a woman, so, it's impossible for me to give you an answer about that. But what I can tell you is: for me,

→

How to add volumes and voids: the Ashkelon Conservatory in Tel Aviv is a multi-purpose music and dance center with open urban spaces.

the question of your cultural background has always been more important than the gender question. A European architect such as I will always look at the city differently than, for example, an African or Australian architect. I don't really care about gender.

We do. Are you happy with equality in business and urban culture between men and women?

Gautrand: Of course not. It's still a fact that there are not enough women in politics, in the economy, in architecture, in urban planning, or in city administration. And, in particular, we need far more female mayors in our cities – not only in Paris, Amsterdam, and Barcelona. In terms of visibility, we are far away from reflecting a fifty-fifty-parity. There's still a long way to go.

What will be the next step?

Gautrand: I would like women to feel far more motivated to interact and to intervene in politics, urban planning, and city administration. Men will have to let go. Women will have to want it. And one day, maybe, we will no longer need to have this kind of conversation.

↓ The Australian way of creating public space: the Parramatta Civic Centre in Sydney, a cooperation project with Lacoste+Stevenson, is currently under construction.

„Ich will Orte schaffen, an denen Differenz möglich ist“

Ute Schneider ist Professorin an der TU Wien und Partnerin bei KCAP Architects & Planners. In Bezug auf Planungskultur und Gender-Equality, sagt sie, gebe es in Europa erhebliche Unterschiede.

2000 haben Sie den Masterplan für die HafenCity Hamburg erstellt und damit die Planungsrichtlinien für die Transformation eines ehemaligen Hafenareals vorgegeben. Wie geht es Ihnen, wenn Sie heute durch die HafenCity spazieren?

Schneider: KCAP hat die HafenCity gemeinsam mit ASTOC geplant. Das Gesamtprojekt ist gut, ich stehe voll und ganz dahinter. Was die ersten Umsetzungen betrifft, hatte ich erst einmal meine Probleme, denn – um mit den Worten des Wiener Architekten Boris Podrecca zu sprechen – da schien jedes einzelne Gebäude mit den Ohren zu wackeln.

Das heißt?

Schneider: Jedes einzelne Bauwerk wollte besonders sein. Es gab zu Beginn kaum Ecken, in denen sich die Summe der Häuser zu einem städtischen Gebilde fügte. Das hat sich mit den Jahren beziehungsweise in der Masse verschliffen. Stadtplanung und Stadtentwicklung hat auch mit Adaption, Anpassung, Unterordnung und einer gewissen Kontinuität zu tun – und die vermisse ich bisweilen.

Eines Ihrer wichtigsten Projekte, über die Sie häufig sprechen, ist die Europaallee in Zürich. Ist der urbane Mix da besser gelungen?

Schneider: Die Europaallee in Zürich hat einen großen Startvorteil, denn sie liegt in unmittelbarer Nähe des Hauptbahnhofs, hat also von Haus aus eine relativ hohe Frequenz an Passanten. Mit 350.000 bis 400.000 Passagieren pro Tag ist der Zürcher Hauptbahnhof einer der höchstfrequentierten Bahnhöfe Europas und rangiert hinter der Gare du Nord in Paris und dem Hauptbahnhof Hamburg. Worauf wir bei der Europaallee besonders geachtet haben, ist ein heterogener Mix aus Wohnen, Büro, Gastronomie, Gewerbe, Bildung, Kultur und ein paar wichtigen infrastrukturellen Einrichtungen.

Ute Schneider

Arbeitete zunächst als Schreinerin und Interior-Designerin und studierte danach Architektur und Stadtplanung in Konstanz, Stuttgart, Karlsruhe und Delft. Sie ist Partnerin bei KCAP Architects & Planners und leitet das Schweizer Büro in Zürich mit Schwerpunkt Masterplan und Verkehrsinfrastruktur. Seit 2020 ist sie Professorin am Institut für Städtebau an der TU Wien.

Innerhalb kürzester Zeit gab es bereits Leben auf der Straße und in den Geschäften. Wie ist das gelungen?

Schneider: Was die Erdgeschosszonen betrifft, so steckt hier ein ziemlich ausgeklügeltes Strategiekonzept dahinter. Die Schweizerische Bundesbahnen und die hier agierenden Developer haben sich darauf geeinigt, nicht die höchstmöglichen Geschäftsmieten zu verlangen, sondern diese bewusst etwas niedriger anzusiedeln. Zudem wurden die Mieteinheiten bewusst so gestaltet, dass sie für einen H&M oder einen Zara zu klein und somit auch nicht attraktiv sind. Die eher kleinen Lokale sollten vor allem junge Gewerbetreibende mit einem gewissen Lokalkolorit anlocken. Im Kosmos-Kulturhaus an der Ecke Europaallee und Langstraße wurde außerdem ein Mix aus Kultur, Bibliothek, Coworking-Spaces und Gastronomie realisiert. Ein Glücksfall war die auch die Ansiedlung der Pädagogischen Hochschule.

Warum ist eine Bildungseinrichtung so ein wichtiger Magnet?

Schneider: Weil sie ein Frequenzbringer ist. Jede radikale, möglichst heterogene Nutzungsmischung mit einer möglichst heterogenen Klientel ist eine städtische Win-win-Situation für alle. Mit der Hochschule ist es gelungen, gemeinsam mit allen anderen Nutzungen die soziale Bespielung dieses Quartiers je nach Mikrolage auf 16 bis 18 Stunden zu verstreuen. Das ist enorm!

Sie sind zufrieden?

Schneider: Ich denke, für die kurze Zeit ist uns ein gutes Stückchen Stadt gelungen. Ich kenne Leute, die haben den Weg zum Bahnhof früher mit dem Bus zurückgelegt. Heute gehen sie zu Fuß durch die Europaallee, weil ihnen der Weg gefällt. Etwas Besseres kann man sich als Stadtplanerin nicht wünschen.

Sie sind in mehreren Ländern und zum Teil in sehr unterschiedlichen Kulturkreisen tätig. Gibt es stadtplanungskulturelle Unterschiede?

→

Bausteine für eine funktionierende Stadt: Modellentwurf für die Europaallee in Zürich mit einem heterogenen Mix aus Wohnen, Arbeiten, Bildung, Gewerbe, Freizeit und Kultur.

Schneider: Wir betreiben Büros in Zürich, Rotterdam und Schanghai. Die Projekte, die ich hauptsächlich betreue, liegen in Deutschland, Österreich, Frankreich, in der Schweiz und in den Niederlanden. Eine Stadtplanungskultur, die wirklich aus der Reihe fällt, ist jene in den Niederlanden. Ohne Ingenieursplanung würde ein Teil des Landes gar nicht existieren! In der Tat ist die Sensibilität für Stadtplanung in den Niederlanden sicherlich ausgeprägter als in anderen europäischen Ländern. Schon in der Schule lernen die Schülerinnen und Schüler die Grundprinzipien von der Stadt-, Regional- und Freiraumplanung.

Wie ist die Situation in Deutschland und in Österreich im internationalen Vergleich?

Schneider: In Deutschland stellen Bund und Länder schon seit Anfang der 1970er-Jahre Finanzhilfen für Stadtentwicklung und Stadterneuerung zur Verfügung. Seit 2020 ist die Städtebauförderung in das gesamtdeutsche Fördersystem eingebettet. Damit ist das Thema im ganzen Land präsenter und aktueller geworden. Was Österreich betrifft, so sind es meist die Architekten, die Stadtplanung betreiben. Echte Stadtplanung, wie ich sie verstehe, findet man in Österreich seltener, wie mir viele Kollegen mitgeteilt haben.

Woran machen Sie das fest?

Schneider: An der Betrachtungsgröße. In Österreich wird viel auf Quartiers- und Objektebene geplant. Es fehlt der Blick über den Tellerrand hinaus. Die raumplanerische und stadtplanerische Relevanz von Verkehrs- und Infrastrukturplanung ist an vielen Stellen sehr vage. Damit findet wenig Vernetzung mit dem umliegenden Stadtkörper statt. Und dann wundert man sich, dass so mancher öffentliche Raum nicht funktioniert.

Inwiefern werden in den Ländern, in denen Sie tätig sind, Frauen in die Stadtplanung einbezogen?

Schneider: Die Niederlande und vor allem die skandinavischen Länder haben einen ganz selbstverständlichen Umgang, was Frauen im Beruf, Frauen in der Gesellschaft und Frauen in der Planung und Errichtung von Stadt betrifft – das hat mich sehr geprägt. Genderspezifische Themen fließen hier seit langer Zeit schon in die Stadtplanung ein. Viele andere europäische Länder wie etwa Österreich oder die Schweiz hinken meiner Beobachtung nach noch ziemlich hinterher.

Die dänische Architektin Dorte Mandrup sagt über sich selbst: „I am not a female architect. I am an architect." Wie stehen Sie dazu?

Schneider: Ich kann das nachvollziehen. Jeder und jede von uns hat – unabhängig vom biologischen Geschlecht – beide Qualitäten in sich vereint, das Männliche und das Weibliche. Bei manchen überwiegt das eine, bei anderen das andere. Ich selbst war lange Zeit davon überzeugt, ich müsse in dieser Berufswelt meinen Mann stehen. Heute stehe ich eher meine Frau in einem doch noch recht maskulin geprägten beruflichen Umfeld und bin in der Lage, das differenzierter zu betrachten und zwischen unterschiedlichen Sichtweisen je nach Bedarf zu switchen.

↑ Jede radikale, möglichst heterogene Nutzungsmischung mit einer möglichst diversen Klientel ist eine städtische Win-win-Situation für alle. Heute bietet die Europaallee viele Qualitäten zum Bewegen und Verweilen.

Seit Dezember 2000 sind Sie Professorin an der TU Wien. Damit sind Sie die erste weiblich besetzte Professur am Institut für Städtebau.

Schneider: Echt wahr?

Beeinflusst das Ihren Zugang zur Lehre? Spielen weibliche Architekturschaffende und Stadtplanende in Ihrer Lehre eine besondere Rolle?

Schneider: Es ist auffallend, dass in Österreich ein sehr starker Fokus auf Gender-Ausgewogenheit im Wording gelegt wird. Vielleicht wäre es effizienter, den Fokus auf die Handlung und Umsetzung zu legen! Seit meinen beruflichen Erfahrungen in den Niederlanden sowie in Frankreich ist es für mich eine Selbstverständlichkeit, dass Frauen wie Männer gleichermaßen ihre beruflichen Ziele verfolgen. Mir ist es wichtig, weibliche wie männliche Kollegen gleich zu behandeln. Ich werde an der Hochschule – wie schon im Büro – daher auf Ausgewogenheit, Gleichbehandlung und Fairplay achten. Jetzt kommt eine neue Generation zum Zug. Damit wird sich in der Stadtplanung und Bauwirtschaft sowieso vieles verändern.

Was sollen Ihre Studierenden über Stadtplanung und Städtebau wissen, wenn Sie absolvieren?

Schneider: Ich möchte, dass sie sich ihre Neugier und Offenheit behalten. Ich möchte, dass sie sich als Experten und Expertinnen verstehen und all ihre Methoden anwenden, die sie gelernt haben. Aber ich möchte auch, dass sie wissen, wo sie an ihre Grenzen stoßen und wo sie sich mit anderen Experten vernetzen und kooperieren müssen.

Und was ist Ihre ganz persönliche Motivation?

Schneider: Mein Ziel ist es, Orte zu planen und zu realisieren, an denen sich Menschen wohlfühlen. Ich will Orte schaffen, an denen Differenz möglich ist. Stadt ist die Koexistenz von Differenz.

Die Gestaltung der gestrigen Stadt
Visionen, Aktivismus und planerische Lösungsansätze aus weiblicher Sicht

Sabina Riß

° 1971, ist Architektin und Wissenschaftlerin an der Fakultät für Architektur und Raumplanung der TU Wien. Ihre Forschungs- und Lehrschwerpunkte sind u. a. Gender-Equality im Berufsfeld Architektur sowie in der Architektur- und Stadtplanung. 2019 erhielt sie den Dissertationspreis der Stadt Wien, Kulturabteilung MA 7.

Inwiefern brachten Frauen wichtige frauenspezifische Alltagsperspektiven in die Planung unserer Städte ein? Vorgestellt werden Visionen, Theorien, Aktivismus und Planung von Frauen – vom 19. Jahrhundert bis heute. Wie vermitteln und unterstützen Forschung und Publikationen die Integration von Frauenbelangen in der Stadtplanung?

Frauen waren lange aus der aktiven Produktion von Stadt ausgeschlossen. Sie befassten sich daher schon früh theoretisch mit Konzepten für einen fortschrittlicheren, emanzipierten Städtebau. Sie behandelten in ihren Schriften Stadtgründungen und konzipierten visionäre Zukunftsstädte. Sie äußerten Kritik an der bestehenden Stadt und machten sich Gedanken zu deren Umnutzung, Umbau und Modernisierung. Zu allen Zeiten setzten sich Frauen für eine sozialere Organisation von Stadt und Quartier ein. Im Fokus stand die Erleichterung der Reproduktionsarbeit für Frauen sowie Freiraumqualitäten.

Gesellschaftsmodelle, Siedlungs- und Wohnkonzepte der Ersten Frauenbewegung als Antwort auf die Industrialisierung

Die mit der Industrialisierung gestiegene Arbeitstätigkeit von Frauen führte zu frühsozialistischen Siedlungsexperimenten mit gemeinschaftlicher Lebens- und Wirtschaftsführung. Die amerikanische Frauenbewegung befasste sich mit der Reform der Geschlechterbeziehungen und entwickelte eine radikale Neukonzeption von Haushalt und Familie. Aus der Verbindung von sozialistischen Strategien mit feministischen Ansätzen gemeinschaftlicher Haushaltung entstanden utopische Stadtentwürfe: Mary Stevens Howland entwarf 1885 die Siedlung Topolobampo in Mexiko und Alice Constance Austin plante 1916 die Idealstadt Llano del Rio in Kalifornien. Diese umfassten Zentralküche, Speisesaal, Hausarbeitsservice, Kinderbetreuung und Nachbarschaftsräume. Inspiriert von den nordamerikanischen Hauswirtschaftsreformen entwickelte die Frauenrechtlerin Lily Braun 1901 in Deutschland das Wohnmodell des Einküchenhauses, von dem zwischen 1903 und 1933 europaweit zehn Projekte realisiert wurden.

→

Die Küche als öffentlicher Stadtplatz im Haus: Schon in den 1920er- und 1930er-Jahren entwickelte Lily Braun ihr Konzept der sogenannten Einküchenhäuser. Gekocht und gegessen wurde in Gemeinschaft. Dadurch konnten die Wohnungen kleiner und billiger werden, und die Frauen sparten wertvolle Zeit in der Versorgungsarbeit ein.

Antworten von Aktivistinnen, Theoretikerinnen und Planerinnen auf den Städte- und Wohnbau der Moderne in der Zwischen- und Nachkriegszeit

Im Wiederaufbau der Zwischenkriegszeit wurde in Deutschland das „Neue Bauen" bedeutsam, bei dem die männliche Architektenschaft leistbaren Siedlungs- und Wohnbau für die Arbeiterschaft unter einem bürgerlich-patriarchalen Leitbild entwickelte. Kennzeichen waren Normierung, Funktionalität und Hygienestandards. Im Vordergrund standen die Zweckmäßigkeit und Erholung des arbeitenden Mannes. Die Erste Frauenbewegung erreichte Einflussnahme und entwickelte neue Standards für den Wohnbau, die die Alltagsanforderungen von Frauen berücksichtigten. Gemeinschaftseinrichtungen, die den Einzelhaushalt ergänzten, wurden schließlich in den deutschen Großsiedlungen in Form von Kindergärten und Wäschereien umgesetzt.[1] Diese Siedlungen waren Vorbild für Catherine Bauer, eine der wichtigsten Protagonistinnen des staatlichen Wohnbaus in den USA der 1930er-Jahre in der Aufklärung zum zeitgenössischen Wohnbau.[2]

1933 wurde von Stadtplanern und Architekten unter der Federführung von Le Corbusier mit der *Charta von Athen* beschlossen, die durch die Industrialisierung und Verschmutzung unerträglich gewordenen Lebens- und Arbeitsbedingungen in den Städten durch funktionale Trennung von Wohnen, Arbeiten, Einkaufen, Gewerbe und Industrie und vor allem autogerecht zu verbessern. Dieses Bauen der Moderne gewann hauptsächlich im Wiederaufbau der Nachkriegszeit an Bedeutung. Das städtebauliche Leitbild der Funktionstrennung orientierte sich an gewerblicher Produktion und dem bezahlten Erwerbsalltag und äußerte sich zum einen in monofunktionalen Großsiedlungen an den Stadträndern und zum anderen in der Zerstörung gewachsener Stadtteile durch Verkehrsadern.[3]

1 Terlinden, Ulla; Von Oertzen, Susanna: *Die Wohnungsfrage ist Frauensache! Frauenbewegung und Wohnreform 1870 bis 1933*, Berlin, Reimer 2006, S. 175–186.

2 Schmidt, Carsten: *Manhattan Modern. Architektur als Gesellschaftsauftrag und Aushandlungsprozess, 1929–1969*, Berlin, LIT 2014, S. 120.

3 Becker, Heidede: *Wohnungs- und sozialpolitische Krisenbewältigung: Zurück zu alten Leitbildern*, in: Dörhöfer, Kerstin; Terlinden, Ulla (Hg.): *Verbaute Räume. Auswirkungen von Architektur und Stadtplanung auf das Leben von Frauen*, Köln, Pahl-Rugenstein 1987, S. 100.

↑ Robert Moses wollte quer durch das New Yorker Zentrum eine gigantische Autobahn bauen. Eine Gruppe von Aktivisten, angeführt von der kanadischen Stadtforscherin Jane Jacobs, konnte die Planungen für den LOMEX (Lower Manhattan Expressway) stoppen und die alten Stadtviertel in ihrer Einzigartigkeit bewahren.

Bauwelt

A 1561 CX

ISSN 0005-6855

• Ulrich Conrads: Männersache? —: Weiberkram! **1278**
• Margrit Kennedy: Zur Wiederentdeckung weiblicher Prinzipien in der Architektur **1279**
• Paola Coppola Pignatelli: Der Weg zu einer anderen räumlichen Logik **1285**
• Erik H. Erikson: Genitale Modi und räumliche Modalitäten **1288**
• Cilli Rentmeister: Die Quadratur des Kreises **1292**

Frauen in der Architektur –: Frauenarchitektur?

• Barbara Brunnert: Architektur — und warum sich die Frau darin nicht finden kann **1297**
• Regina Kaphan-Herzfeld, Anne Lampen: Antiquam exquirite matrem — Der uralten Mutter folget nach **1300**
• Merete Mattern: Gedanken zur Entwicklung von Ökohäusern und Ökostädten **1303**
• Claude Häusermann-Costy: Experimente mit Betonschalen **1307**
• Karla Kowalski (mit Michael Szyskowitz): Bauen mit Poesie **1311**
• Myra Warhaftig: Die Behinderung der Emanzipation der Frau durch die Wohnung — Beispiel: das Schlafzimmer **1314**
• Franziska Bollerey und Kristiana Hartmann: Der lange Marsch der sanften Kräfte **1317**
• Christiane Erlemann, Odile Laufner: Wir wollen andere Werke schaffen und anders zu Werke gehen **1318**
• Marit Hoffmann, Irmgard Kienzler: Frauen in der Planung — The witches are back! **1319**
• Marianne Pitzen: „Frauen formen ihre Stadt" — Erste Schritte zur Konkretisierung unserer Forderungen und Vorstellungen **1321**

• Außerdem: Bauwelt-Zahlentafel II/1979 zur Entwicklung der Bauwirtschaft **1276**

31/32

24. August 1979 • 70. Jahrgang

→

Immer wieder machte sich die Fachwelt für Gender-Equality stark und widmete sich in diversen Schwerpunktausgaben feministischen Planungsthemen. *Bauwelt* (Ausgabe 31/32, August 1979), *ARCH+* (Ausgabe 60, 1981).

Um entgegen dieser Leitbilder die vielfältigen Bewohner*innenansprüche im geförderten Wohn- und Siedlungsbau in den Niederlanden zu integrieren, gründeten in den 1950er-Jahren Frauen die Initiative VAC (Beratende Frauenausschüsse für den Wohnungsbau). Sie setzten sich für eine ausreichende Verkehrsanbindung, wohnungsnahe Infrastruktur, ein funktionierendes Wohnumfeld und durchdachte Wohnungsgrundrisse ein.[4]

Gegen die ideologiebehaftete Stadtplanungspraxis der Moderne, die vitale Nachbarschaften zerstören und durch Schnellstraßen und Großsiedlungen ersetzen wollte, engagierte sich die Journalistin Jane Jacobs ab 1960 in New York. Sie verhinderte die Umsetzung einer geplanten Flächensanierung in Greenwich Village, die einen Verlust von 80 Prozent der vorhandenen Bausubstanz und der Verdrängung von tausenden Bewohnern bedeutet hätte. Damit revolutionierte sie das Verständnis von Stadtplanung auch international.[5] Gleichzeitig verurteilte Ada Louise Huxtable als Architekturkritikerin der *New York Times* öffentlichkeitswirksam große Bauprojekte von Männern.

Feministische Kritik von Theoretikerinnen und Planerinnen der Zweiten Frauenbewegung an der Stadtplanungs- und Wohnbaupraxis der Moderne

Eine radikale Aufbruch-Phase in der Architektur fand ab Ende der 1960er-Jahre im Kontext der autonomen Zweiten Frauenbewegung statt. Frauen begannen mit Kritik und Forderungen in Bezug auf Stadtplanung in die Öffentlichkeit zu treten. Sie thematisierten soziale Ungleichheit, gesellschaftliche Machtstrukturen im Geschlechterverhältnis und deren Resultate in Stadtplanung und Architektur. Konkret kritisierten sie die Lebensverhältnisse in den randstädtischen Großwohnsiedlungen, die für Hausarbeit und Kinderversorgung ungeeignet waren.

In Frankreich war die französische Architektin Renée Gailhoustet[6] ab 1969 leitende Stadtplanerin in der Pariser Vorstadt Ivry-sur-Seine und verantwortete die Entwicklung von bedeutsamen Gegenmodellen zum Massenwohnbau der Nachkriegsmoderne. Mehrere Wohnanlagen, die zwischen 1971 und 1986 errichtet wurden, sind gekennzeichnet durch lebendige Erdgeschosszonen mit öffentlichen und sozialen (Nahversorgungs-)Einrichtungen sowie verbunden durch Plätze und Wege. In den hochverdichteten Terrassenbauten haben Wohnungen attraktive, private Freiräume.

In Deutschland fand 1970 der internationale Kongress *Städtebau – und die Belange der Frau* des Bundesministeriums für Städtebau und Wohnungswesen Bonn statt. Als Schlüssel-Ereignis für den Aktivismus von feministischen Planerinnen gilt die von Architektin und Autorin Margrit Kennedy initiierte Frauen-Ausgabe des etablierten Architekturfachmagazins *Bauwelt* (Ausgabe 31/32, 1979) mit ausschließlich von Frauen verfassten Beiträgen und Kritik an Stadträumen und Wohnbau.[7] Die nachfolgende, geladene Mitwirkung von feministischen Planerinnen-

4 Schreiber, Ulla: *Frauen in die Planung oder der vergeudete Reichtum. Rückschau und Ausblick*, in: Zieher, Anita: *Auf Frauen bauen. Architektur aus weiblicher Sicht*. Salzburg, Pustet 1999, S. 21.

5 Schmidt, Carsten: *Manhattan Modern. Architektur als Gesellschaftsauftrag und Aushandlungsprozess, 1929–1969*, Berlin, LIT 2014, S. 318f.

6 https://www.faz.net/aktuell/feuilleton/architektur-bauen-frauen-anders-15145764.html.

7 Terlinden, Ulla; Dörhöfer, Kerstin: *Verortungen. Geschlechterverhältnisse und Raumstrukturen*, Basel–Boston, Birkhäuser 1998, S. 11.

↑ *Frauen blicken auf die Stadt.* Ein wichtiger Beitrag aus der Schweiz zur Sichtbarmachung von Theorien, Denkmodellen und Beiträgen von Frauen zu Freiraum, Stadtplanung und Sozialengagement, erschienen 2019.

gruppen an der *ARCH+* (Ausgabe 60, 1981) zu baulich-räumlichen Lebensverhältnissen von Frauen ermutigte 70 feministische Planerinnen zu einem unangekündigten Go-in bei einem Vorbereitungstreffen für die Internationale Bauausstellung in Berlin 1984 mit 300 rein männlichen Experten.[8]

In den 1980er-Jahren fanden Erkenntnisse aus der Soziologie Eingang in den Wohnungsbau. Unter den Begriffen frauenfreundlicher und frauengerechter Wohnbau wurden Forderungen, Kriterien und Leitlinien entwickelt. Diese umfassten unter anderem funktionale und sozial durchmischte Städte sowie ein nutzungsvielfältiges Wohnumfeld mit Infrastruktur und Anbindung an den öffentlichen Verkehr. Vor allem wurde die weitreichende Beteiligung von Frauen an Planungsprozessen gefordert.

In London wurde 1981 Matrix Feminist Design Co-Operative gegründet, die patriarchalische Raumsysteme in Frage stellte und sich mit Frauen und der gebauten Umwelt und auch Frauen im Architekturberuf befasste. Matrix tat dies durch theoretische Analysen, Auftragsforschung, Publikationen und gebaute Projekte.

In den USA übte die Architektin und Schriftstellerin Dolores Hayden ab den 1980er-Jahren Kritik an der dortigen Stadtplanungspraxis der Moderne. Das implizite Prinzip von Städtebau und Architektur sei die Rolle der Frau als Hausfrau. Diese Geschlechterrollen würden durch urbane Stadtzentren mit Speckgürteln voller Villen zementiert werden. Sie forderte eine neue Organisation von Städten und Nachbarschaften für die wachsende Zahl an berufstätigen Frauen.[9]

Vom frauengerechten Planen zum Gender-Planning in der Stadtentwicklung Ende des 20., Anfang des 21. Jahrhunderts

In den 1990er-Jahren bekamen feministische Theorien eine immer breitere öffentliche Aufmerksamkeit, und neben der Frauenpolitik gewann das Konzept von Gender-Mainstreaming an Bedeutung. Es wurde als neue politische Strategie auf der vierten UN-Weltfrauenkonferenz 1995 in Peking vorgestellt und 1999 mit dem Amsterdamer Vertrag auf EU-Ebene rechtlich verbindlich festgeschrieben. Damit sind die Gleichstellung von Frauen und Männern national, regional und lokal als Querschnittsaufgabe in alle Politikfelder, Aktivitäten und Maßnahmenbereiche zu integrieren. Für den Bereich der räumlichen Planung bedeutet dies, dass in allen Prozessen, Konzepten, Ebenen und Phasen bei Erfassung der Nutzer*innenbedürfnisse die Geschlechterperspektive zu berücksichtigen ist. Das

8 Terlinden, Ulla; Dörhöfer, Kerstin: *Ein Fauxpas mit Folgen. Rückschau auf feministische Positionen in Stadtforschung und Planung*, in: *Frei-Räume, Neue Wege – Neue Ziele: Positionen feministischer Planung*, Bd. 10, 1998, S. 28.

9 Hayden, Dolores: *Redesigning the American Dream: Gender, Housing, Work, and Family Life*, Norton, New York City 1984.

Ziel von Gender-Planning ist eine gleichstellungsorientierte Planung, die chancengleiche Lebensbedingungen und gleichberechtigte Nutzung und Teilhabe von Räumen für alle (künftigen) Nutzer*innen schafft.[10]

Wichtige Beiträge zur Aufwertung von internationalen Großstädten erfolgten ab den 2000er-Jahren durch weibliche Planungsverantwortliche. In New York war Amanda Burden[11] von 2002 bis 2013 Vorsitzende der Stadtplanungskommission und Direktorin der Abteilung für Stadtplanung. Sie war verantwortlich für die umfassende Umzonung für 124 Stadtviertel und Schaffung von neuen Wohnmöglichkeiten für eine Million Menschen. Sie initiierte die Revitalisierung von Hafengebieten, um Wohnen und Gewerbe zu entwickeln, und ließ öffentliche Uferflächen und Parks schaffen, beispielsweise den High Line Park 2006 bis 2019. Jeanette Sadik-Khan[12], die von 2007 bis 2013 Planungsstadträtin in New York war, war verantwortlich für die Umgestaltung des Times Square zu einer Fußgängerzone sowie die Schaffung von 60 öffentlichen Plätzen und 4.000 Kilometern Radwegen.

In Barcelona ist seit 2004 bei der Gestaltung von städtischen Räumen und Einrichtungen gesetzlich eine Gender-Perspektive einzubeziehen. Col·lectiu Punt 6[13] – eine Kooperation von Architektinnen, Soziologinnen und Stadtplanerinnen – analysiert, forscht, lehrt, moderiert, entwirft Leitfäden, berät und setzt Aktivitäten, um die Stadt integrativer und Bewohner*innen zu Expertinnen von Räumen zu machen. Diese Bestrebungen werden seit 2015 auch von Bürgermeisterin Ada Colau getragen, die aufzeigt, wie Entscheidungsfindungsprozesse demokratisiert werden können und sozialer urbaner Wandel möglich ist. Sie verantwortet eine Stadtplanung, die sich an den Belangen der Bevölkerung orientiert und gendersensitiv, feministisch und intersektional ist.

Forschung und Publikationen zur Sichtbarmachung des Status quo von Frauenbelangen im Städtebau

Ein wichtiger Beitrag zur Sichtbarmachung von bislang unveröffentlichten Theorien, Denkmodellen und Beiträgen von Frauen zu Regionalplanung, Stadtplanung, Freiraum, Wohnen und Sozialengagement des 19. und 20. Jahrhunderts bilden zwei Publikationen, die im Zuge eines Forschungsprojektes an der ETH Zürich entstanden sind: *Theoretikerinnen des Städtebaus. Texte und Projekte für die Stadt*[14] (2015) und *Frauen blicken auf die Stadt. Architektinnen, Planerinnen, Reformerinnen*[15] (2019).

Barbara Zibell konstatierte 2013[16], dass es „noch keine standardisierte Berücksichtigung von Frauenbelangen in der Architektur und Planung bzw. ein durchgehend gendersensitives Bewusstsein in Architektur und Planungsbüros und öffentlichen Verwaltungen" gäbe.

Mehrfach wird aktuell evaluiert und publiziert, wie die Strategie Gender-Planning, die seit 1999 in allen EU-Ländern verbindlich ist, in der Planung der gebauten Umwelt berücksichtigt wurde. Die 2017 publizierte Studie *30 Jahre Gender in der Stadt- und Regionalentwicklung* des Deutschen Institutes für Urbanistik untersuchte, ob Gender ein Qualitäts-

10 European Institute for Gender Equality (Ed.): *Gender mainstreaming: gender planning*, Luxemburg 2019 (https://eige.europa.eu/publications/gender-mainstreaming-gender-planning).

11 https://www.ted.com/talks/amanda_burden_how_public_spaces_make_cities_work.

12 https://nacto.org/person/janette-sadik-khan/.

13 http://www.punt6.org/en/who-are-we/.

14 https://www.nsl.ethz.ch/theoretikerinnen-des-staedtebaus-texte-und-projekte-fuer-die-stadt/.

15 https://www.researchgate.net/publication/331522838_Frauen_blicken_auf_die_Stadt_Architektinnen_Planerinnen_Reformerinnen_Theoretikerinnen_des_Stadtebaus_II.

16 *Frauen planen und bauen*, in: *[Umrisse] Zeitschrift für Baukultur*, 2013, S. 6–12.

merkmal sozialorientierter Planungskultur wurde und ob Gender-Mainstreaming-Konzepte Teil der Strategie des Diversity-Managements wurde. Weiters wurde erforscht, ob eine geschlechtergerechte Entwicklung von Stadtquartieren, Wohnungen, Infrastruktureinrichtungen und öffentlichen Räumen in neoliberaler Ökonomisierung und reaktiver Anpassungsplanung zu kurz kam. Die 2019 veröffentlichte Publikation *Gendered approaches to spatial development in Europe*[17] des Internationalen Arbeitskreises der deutschen Akademie für Raumforschung und Landesplanung (ARL) bereitet anhand von europäischen Praxisbeispielen systematisch auf, inwiefern Gender-Mainstreaming seit 1992 Eingang in die Planungspraxis fand.

← Plan für die Idealstadt Llano del Rio im Norden von Los Angeles, ca. 1916, entworfen von Alice Constance Austin (1862–1955). Das Konzept sah unter anderem küchenlose Häuser und eine ausgeklügelte Logistik für Essenslieferung vor.

17 https://www.routledge.com/Gendered-Approaches-to-Spatial-Development-in-Europe-Perspectives-Similarities/Zibell-Damyanovic-Sturm/p/book/9780367730796.

Fazit und Ausblick

Die Bedeutung von gendergerechter Planung der gebauten Umwelt und der gleichberechtigten Teilhabe von Frauen wurde mittlerweile auch von den Vereinten Nationen anerkannt und 2015 im Rahmen der *Agenda 2030* für nachhaltige Entwicklung als Zielsetzung definiert. Alle Mitgliedsstaaten haben auf die Umsetzung von nachhaltigen und inklusiven Städten und Gemeinden für alle (Ziel 11) sowie auf Geschlechtergleichheit, volle Teilhabe von Frauen und Chancengleichheit bei Entscheidungen und in Führungsrollen (Ziel 5) verpflichtend hinzuarbeiten.[18] Die formulierte Zugänglichkeit zu Verkehrssystemen, öffentlichen Räumen und Grünräumen insbesondere für Frauen sowie zu sicherem Wohnraum wird beispielsweise in Wien im Handbuch *Gender-Mainstreaming in der Stadtplanung und Stadtentwicklung* beschrieben und in der Kompetenzstelle für Gender-Planning in der Wiener Stadtbaudirektion koordiniert.

2020 veröffentlichte auch die Weltbank ein Handbuch für *Gender-Inclusive Urban Planning and Design*[19]. Das ultimative Ziel einer geschlechtergerechten Stadtplanung und -gestaltung ist das Vorantreiben der Gleichstellung der Geschlechter und die Ermöglichung einer inklusiveren wirtschaftlichen und sozialen Entwicklung. Dafür sind genderinklusive Planungs- und Designentscheidungsprozesse mit Beteiligung von Frauen erforderlich. Dies muss in allen Projektphasen mittels Budget, Personal und Fachwissen sichergestellt sein. Diese Verpflichtungen sind eine direkte Antwort auf den historischen Ausschluss von Frauen und Minderheiten aus Planung und Design von Städten.

18 Vereinte Nationen (Hg.): *Agenda 2030: 17 Ziele für nachhaltige Entwicklung* (https://unric.org/de/17ziele/).

19 The World Bank (Ed.): *Handbook for Gender-Inclusive Urban Planning and Design*, 2020 (https://www.worldbank.org/en/topic/urbandevelopment/publication/handbook-for-gender-inclusive-urban-planning-and-design).

„Wir haben mit Gender-Mainstreaming begonnen, als andere noch nicht wussten, was das ist“

Die Wiener Stadtplanerin Eva Kail beschäftigt sich seit 30 Jahren mit Gender-Planning. Und: Gendergerechte Stadtplanung deckt sich zu einem überwiegenden Teil mit adaptiven Maßnahmen gegen die Klimakrise.

In einem Interview mit der Wochenzeitung *Die Zeit* sagten Sie kürzlich, Städte seien in erster Linie für die Bedürfnisse von Männern geplant. Inwiefern?

Kail: Geschichtlich bedingt ist Stadtplanung eine klassisch männliche Tätigkeit. Die Auftraggeber und Stadtbaumeister waren immer männlich, und es mussten erst viele Jahrhunderte vergehen, bis auch Frauen Architektur studieren durften. Meine persönliche Schwierigkeit mit der männlich dominierten Stadt betrifft nicht nur das biologische Geschlecht, sondern auch das Fehlen des sozialen weiblichen Geschlechts.

Wie wirkt sich diese Absenz des sozialen weiblichen Geschlechts auf die Stadt aus?

Kail: Schauen Sie sich nur einmal die Stadtstruktur und Verkehrssysteme an! Alles, was in den 1960er- und 1970er-Jahren nach dem Krieg geschaffen wurde, war eine autozentrierte Stadt, in der die Verfügbarkeit des privaten Automobils alle anderen Faktoren von Stadtplanung in den Schatten gestellt hat. In vielen modernen Gesellschaften, aber auch im stark kriegszerstörten Deutschland wurden Straßen, Schnellstraßen, Autobahnen bis hinein in die Stadtzentren errichtet. Dieses Verständnis von Stadt ist ein überproportional männliches, denn die schnelle, individuell motorisierte Fortbewegung war in der Nachkriegsmoderne vor allem den Männern vorbehalten. Frauen, die oft im Haushalt tätig waren und die Erziehung der Kinder innehatten, haben sich differenzierter, in kleinteiligen räumlichen Zusammenhängen durch die Stadt bewegt.

Eva Kail

°1959, studierte Raumplanung und ist in der Stadt Wien im Geschäftsbereich Bauten und Technik für Gender-Planning zuständig. Sie ist auf Verwaltungsebene eine der führenden europäischen Expertinnen und koordinierte bereits über 60 gendersensible Pilotprojekte im Bereich Wohnbau, Städtebau, Mobilität und Gestaltung öffentlicher Räume.

Ist das heute immer noch so?

Kail: In den großen mitteleuropäischen Städten befinden wir uns gerade in einem Umbruch. In Wien gab und gibt es Rückenwind für die Implementierung einer feministischen, genderneutralen Planung.

Seit rund 30 Jahren setzen Sie sich in Wien für genau diese Evolution ein – und haben als eine der Ersten Gender-Mainstreaming in die Stadtplanung integriert. Was genau sind denn genderneutrale Zielforderungen?

Kail: Wir sprechen hier von attraktiven Freiräumen, von differenzierten Innenhöfen und Freiflächen, die Sitzmöglichkeiten bieten, die verschattet sind, die Wasserflächen beinhalten, die zum Verweilen einladen, die Spielmöglichkeiten für Buben und Mädchen bieten und deren Gestaltung insgesamt auf soziale Bedürfnisse von Menschen aller Geschlechter und Altersgruppen eingeht. Erfreulicherweise decken sich all diese Aspekte zu einem überwiegenden Teil mit den klimaadaptiven und klimaneutralen Maßnahmen, mit denen wir uns heute beschäftigen müssen.

Können Sie ein konkretes Beispiel nennen, wo dies besonders gut gelungen ist?

Kail: Bei der Erstellung des städtebaulichen Rahmenplans in der Attemsgasse in Wien-Donaustadt haben wir einen Piloten für gendersensibles Planen gestartet – und nicht wie sonst üblich mit den Baukörpern, sondern mit den Freiräumen begonnen. Das Ergebnis ist, dass der Freiraum hier nicht nur die Summe aller Restflächen ist, sondern als attraktive und klimatisch wirksame grüne Lunge mit hoher Aufenthaltsqualität vorgesehen ist. Heute gibt es kein Stadtentwicklungsprojekt mehr ohne zentrale Grünfläche.

Welche Rolle im Gender-Mainstreaming spielt die Frauen-Werk-Stadt?

Kail: Eine wichtige Vorreiterrolle! 25 Jahre nach ihrer Besiedelung ist die Frauen-Werk-Stadt in Floridsdorf noch immer ein Vorzeigeprojekt, das auf vielen unterschiedlichen Ebenen vom Städtebau bis zu den Fenstern im Kindergarten die vielen Qualitätsfacetten eines alltagsgerechten Wohnbaus

↓ Die Neuentdeckung städtischer Mobilität: Verkehrsberuhigung in der Otto-Bauer-Gasse in Wien-Mariahilf.

zeigt. Soviel ich weiß, ist die Frauen-Werk-Stadt mit 360 Wohnungen das größte, von Architektinnen nach gendergerechten Kriterien gestaltete Wohnbauvorhaben in ganz Europa.

Wo stehen wir heute?

Kail: Die Gender-Qualität ist immer eine Mischung aus persönlichem Engagement und verbindlichen Richtwerken. Seit 2013 gibt es ein Handbuch *Gender-Mainstreaming in der Stadtplanung und Stadtentwicklung*, das im Vorfeld des Stadtentwicklungsplanes erstellt wurde. Es beinhaltet Methoden, Bedarfsprofile und Qualitätskriterien für unterschiedliche Nutzerinnengruppen und Planungsmaßstäbe.

Was von alledem ist wirklich weiblich? Und was ist Resultat einer generell gestiegenen und weiterentwickelten Planungssensibilität in der Stadt?

Kail: Das ist wie die Henne-Ei-Geschichte. Natürlich ist auch im Mainstream die Planungssensibilität deutlich gestiegen. Aber wir sind noch nicht am Ziel. Es kann ruhig noch weiblicher werden. Um mal kurz polemisch zu sein: Mir hat eine sehr bekannte Architektin einmal ganz empört gesagt: Man solle die Qualität ihrer Architektur nicht an der Anzahl und Größe der Kinderwagen-Abstellräume messen. Und ich sage: Doch, das soll man! Auch das ist Qualität!

Nehmen Sie wahr, dass mit den Resultaten des Gender-Mainstreaming auch Männer zufriedener sind?

Kail: Natürlich. Auch Männer kaufen ein, schieben Kinderwägen vor sich her und sitzen im Hochsommer auf einer Parkbank unterm Baum. Und auch Frauen sitzen im oberen Management und fahren mit dem SUV ins Büro. In der jüngeren Generation vermischen sich die klassisch tradierten sozialen Rollen mehr und mehr.

← Direkt neben dem Wiener Westbahnhof wurde im Sommer 2020 ein Teil des Gürtels von Autos befreit. Die *Gürtelfrische West* diente als temporäre Oase mit Swimmingpool und Palmen.

Welche internationalen Vorbilder im Bereich Frauen im Städtebau haben Sie?

Kail: Die Pariser Bürgermeisterin Anne Hidalgo leistet hervorragende Arbeit und realisiert spannende, zukunftsweisende Projekte. Auch die Bürgermeisterin von Barcelona, Ada Colau, ist extrem engagiert und bringt mit ihren Superblocks frischen Wind in die Stadtplanung. Außerdem denke ich oft an die IBA Berlin, wo Zaha Hadid, Myra Warhaftig, Christine Jachmann und Anne Rabenschlag Wohnbauten realisiert haben. Die IBA Emscher Park wiederum war mit ihrem nur für Architektinnen ausgeschrieben Wettbewerb in Bergkamen eine Pionierin! Mein persönliches Vorbild ist Skandinavien, wo es eine sehr reife, holistische Planungspraxis gibt. Vieles, was wir als genderrelevant diskutieren, ist in den skandinavischen Ländern schon längst Standard.

Gibt es einen Austausch mit anderen internationalen Städten?

Kail: Ja, wir sind in engem Kontakt mit München, mit dem Gender Archland in Hannover, mit Lares in der Schweiz und mit dem Collectiu Punt 6 in Barcelona.

The Guardian, *El País*, *Die Zeit* und *brand eins* bezeichnen Wien als führende Gender-Metropole. Warum ist das so?

Kail: Vermutlich weil wir schon vor 30 Jahren damit begonnen haben, uns als Stadt mit dieser Materie in thematischer Breite und inhaltlicher Tiefe auseinanderzusetzen, als die anderen noch nicht einmal wussten, was das überhaupt ist. Barcelona und Paris haben zwar viel später damit begonnen, sind aber etwas dynamischer und engagierter unterwegs – und dadurch uns im Moment vielleicht auch ein Stückerl voraus.

Schaffen wir die Transformation?

Kail: Die männlichen Ingenieure im 19. und 20. Jahrhundert haben es geschafft, halbe Städte abzureißen und breite Straßen reinzuschlagen. Dann sollte es uns mit der Kraft aller Beteiligten gelingen, diese bevorstehende Transformation unserer Städte in den Griff zu kriegen – diesmal aber bitte mit deutlich höherer Beteiligung von weiblichem, holistischem Sachverstand und Engagement!

Ein Blick in die Zukunft: Wie schaut gute mitteleuropäische Stadt im Jahr 2050 aus?

Kail: Ich hoffe, dass die europäische Stadt ihren europäischen Maßstab behält. Ich sehe eine Stadt mit Liebe zum Detail, mit kleinteiligen Kreisläufen, mit begrünten Fassaden, mit Fußgängerzonen, mit vielen Menschen im Freien, sitzend, liegend und mit Fahrrädern herumfahrend – kurzum, eine Stadt mit deutlich mehr Urlaubsgefühl als heute.

„Fräulein Architekt“ Über die Arbeiten fast und ganz vergessener Frauen für und in Wien

Franziska Leeb

° 1968, arbeitet freiberuflich als Architekturpublizistin und -vermittlerin. Ihre Texte erscheinen in verschiedenen Fachmedien im deutschsprachigen Raum, regelmäßig u. a. in *architektur aktuell* und im *Spectrum* der Tageszeitung *Die Presse*. Seit 2019 ist sie ehrenamtliche Vorsitzende von ORTE Architekturnetzwerk Niederösterreich.

Nicht allein originelle, sondern gleichzeitig und in sehr weitgehendem Maße auch aggressive Talente – bis zu diktatorischer Strenge gegenüber maskuliner Brutalität – brauche es, um sich im Architektenberuf zu bewähren. Deshalb sei dieser auch am längsten eine Domäne des Mannes geblieben, schrieb der Publizist und Architekt Hans Adolf Vetter in einer der „schaffenden Frau“ gewidmeten Ausgabe des *Profil*, der Monatsschrift der Zentralvereinigung der Architekten Österreichs (ZV), im Jahr 1933.[1]

Also solle sich eine Würdigung der Tätigkeit der Architektin auf ihre schöpferischen Qualitäten beschränken, was anhand eines Einfamilienhauses von Helene Roth, einem Wohn- und Schlafraum von Leonie Pilewski und einem Kleinhaus von Gertrud Pietsch illustriert wurde. Die drei Architektinnen waren zu diesem Zeitpunkt neben Ella Briggs-Baumfeld, die 1925 als erste Frau aufgenommen wurde, die einzigen weiblichen Mitglieder der 1907 gegründeten ZV. Kein Wunder, waren Frauen doch erst 1919 zum Architekturstudium an der Technischen Hochschule und ein Jahr später an der Akademie der bildenden Künste zugelassen. Bis dahin blieb ihnen als einzige Möglichkeit die Kunstgewerbeschule – sofern sie dort überhaupt aufgenommen wurden.

Als Gestalterinnen von Interieurs und moderner Küchen sind Architektinnen in den Fach- wie Publikumszeitschriften der Zwischenkriegszeit durchaus sichtbar. Dass sich ihre Interessen durchaus nicht auf Themen des trauten Heims beschränkten, belegen zahlreiche Beiträge von Architektinnen über internationale Tendenzen im Siedlungs- und Städtebau in Fachzeitschriften. So befasste sich Leonie Pilewski, die im Wien der 1920er-Jahre etliche Einrichtungen realisierte, unter anderem jene des Hauses von Hugo Häring in der Werkbundsiedlung, mit den Bauten des „Neuen Frankfurt“ und den Tendenzen in der Sowjetunion.

Als Planerinnen öffentlicher oder großvolumiger Bauten jedoch traten Frauen kaum in Erscheinung, wurden als solche allenfalls in Randnotizen oder als Exotinnen erwähnt und blieben über Jahrzehnte im Verborgenen. Erst gegen Ende des 20. Jahrhunderts begab sich eine Reihe jüngerer Forscherinnen auf die Spurensuche nach den unbekannten, verschwiegenen und vergessenen Baukünstlerinnen aus der ersten Hälfte des 20. Jahrhunderts.

Dabei erregte bereits 1900 eine junge Architektin die Aufmerksamkeit der Wiener Gazetten. Erika Paulas (1875–?) legte im April 1900 an

1 Vetter, Hans Adolf: *Die Architektin*, in: *Profil*, 4/1933, S. 121ff.

der Universität Budapest die Baumeisterprüfung ab. Bald danach siegte ihr Entwurf beim Wettbewerb für das Gebäude der Bistritzer Forstdirektion, was die Medien gleichermaßen mit Staunen wie ätzender Ironie zur Kenntnis nahmen.[2] Während die „bahnbrechende Leistung des jungen weiblichen Architekten" (sic!), die in die Geschichte der Frauenbewegung eingehen werde, gewürdigt wurde, titulierte man die erfolgreiche Baukünstlerin despektierlich als „Fräulein Architekt"[3]. Allein, sie verantwortete zwölf große staatliche Bauten, darunter das Krankenhaus von Mediasch, und zog den Neid der männlichen Konkurrenz auf sich.[4] Während die Zeitungen eifrig über die junge Frau berichteten, die sich in einer Männerwelt behauptet, sind fundierte Rezensionen ihrer Arbeiten nicht überliefert.

Erste Architektin in Wien

Es sollte noch fast zwei Jahrzehnte dauern, ehe im Wiener Stadtbauamt die Anstellung einer Frau in einem technischen Beruf publizistische Wellen schlug. Else (Elisabeth) Nießen, die zuvor bei Tessenow an der Kunstgewerbeschule studierte, wurde von den Zeitungen als „Wiens erste Architektin" geradezu gefeiert.[5] Es war eine Sensation, als sie 1918 unter dem christlich-sozialen Stadtbaudirektor Heinrich Goldemund ihren Dienst antrat, sogar Bürgermeister Richard Weiskirchner begrüßte die neue Mitarbeiterin persönlich.[6] Drei Jahre später, also schon in der Ära des Roten Wien, vermeldet das *Amtsblatt*, dass zwei männlichen Mitarbeitern des Stadtbauamtes das Definitivum, also die Unkündbarkeit, verliehen wurde. Dem Ansuchen von Else Nießen hingegen wurde nicht Folge geleistet.[7] Wie lange sie im Stadtbauamt blieb, ist nicht erwiesen.

Jedenfalls bearbeitete Nießen Wohnbauprojekte wie die Wohnsiedlung Schmelz[8] unter Hugo Mayer. Die Siedlung gilt als erster kommunaler Reihenhaus-Wohnbau der Stadt Wien. Wenngleich in der Mangelzeit nach dem Ersten Weltkrieg entstanden, so überzeugt diese mit Nahversorgungseinrichtungen und einst sogar einem Kinderfreibad ausgestattete Siedlung aufgrund ihrer städtebaulichen Struktur bis heute. Die Reihenhäuser und mehrgeschossigen Zeilen und Blöcke umschließen entweder öffentliche Plätze oder Schrebergärten zur Selbstversorgung. Als selbstständige Architektin trat Else Nießen nicht in Erscheinung. 1930 erkundigt sie sich bei Tessenow nach Arbeitsmöglichkeiten in Berlin, die er ihr offensichtlich nicht bieten konnte. 1932 wurde sie per gerichtlichem Beschluss wegen „Geisteskrankheit (Trunksucht)" entmündigt.[9]

Weltberühmt und spät gewürdigt

Zu größerem Bekanntheitsgrad als „erste Architektinnen" gelangten Ella Briggs (geb. Elsa Baumfeld, 1880–1977) und Margarete Schütte-Lihotzky (1897–2000). Die beiden waren die einzigen selbstständigen Architektinnen, die die am Wohnbauporogramm des Roten Wien der Zwischenkriegszeit beschäftigt waren. Wie schwer sich die öffentlichen Auftraggeber hierzulande mit Frauen im Architekturberuf taten, davon zeugt der Eintrag im Wiener *Amtsblatt*, dass der Wohnhausbau in der

2 *Ein weiblicher Architekt*, in: *Illustriertes Wiener Extrablatt*, 26. 8. 1900, S. 22.

3 Das Titelblatt der Zeitschrift *Wiener Caricaturen* vom 23. 9. 1900 zeigte unter der Überschrift *Fräulein Architekt* ein Bild leichtgekleideter Damen und darunter folgenden Dialog: „Die Erika Paulas in Bistritz ist also jetzt gar zur staatlichen Baumeisterin avanciert und hat einen ärarischen ‚Bau bekommen. – Doch nichts gegen den Bau, den ich von der Natur bekommen habe. Mit so einem bringt man's doch weiter."

4 „Die junge Dame hatte einen erbitterten Kampf mit der Missgunst und dem Brodneid der Concurrenz auszufechten. [...] Als sie um die Zulassung zur Baumeister-Prüfung einschritt, petitionierte sogar eine Deputation ihrer Concurrenten beim Minister, dass ihr diese verweigert werde." In: *Frauen-Werk*, 1/1901, S. 3.

5 *Wiens erste Architektin*, in: *Neues Wiener Journal*, 31. 5. 1918, S. 3f.

6 Ebd.

7 *Amtsblatt der Stadt Wien*, 1921.

8 Bauer, Corinna Isabel: *Bauhaus- und Tessenow-Schülerinnen. Genderaspekte im Spannungsverhältnis von Tradition und Moderne*, Diss., Kassel 2003, S. 380.

9 Ebd.

→

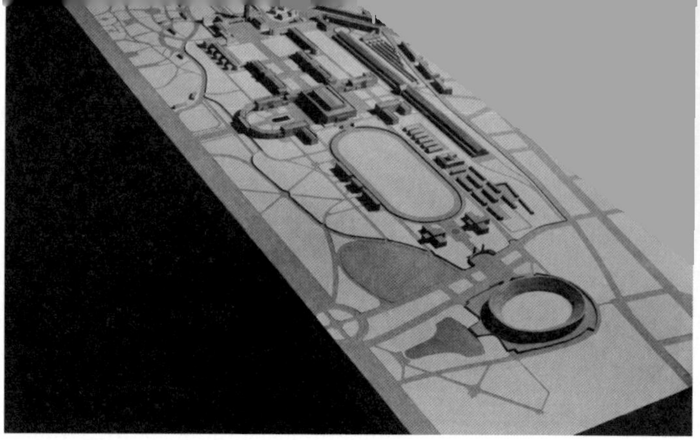

↓ Die Stadt von oben: Elisabeth Hofbauer-Lachner (1913–1977) entwarf Flugplatzanlagen und nahm auch am Wettbewerb für das Wiener Messegelände teil.

↓ Das Bild von „Fräulein Architekt" in den *Wiener Caricaturen*, 23. September 1900. Im Text: „Die Erika Paulas in Bistritz ist also jetzt gar zur staatlichen Baumeisterin avancirt und hat einen ärarischen Bau bekommen."

Nr. 39. Wien, Sonntag den 23. September 1900. XX. Jahrgang.

Preis einer Nummer 30 Heller.
(Für das Ausland: 40 Pfennig.)

WIENER CARICATUREN.

Erscheinen Jeden Sonntag.

Fräulein Architekt.

— Die Erika Paulas in Bistritz ist also jetzt gar zur staatlichen Baumeisterin avancirt und hat einen ärarischen Bau bekommen.
— Doch nichts gegen den Bau, den ich von der Natur bekommen habe. Mit so einem bringt man's doch am weitesten.

↑ Ella Briggs ist eine von nur zwei Architektinnen, deren Arbeit im Roten Wien offiziell gewürdigt und in ihrem Namen dokumentiert wurde: Pestalozzi-Hof, fertiggestellt 1926, fotografiert 1929.

Felix-Mottl-Gasse „an den Architekten Frau Ella Briggs" (sic!) übertragen werde. Es handelte sich dabei um den 1926 fertiggestellten Pestalozzi-Hof mit der heutigen Adresse Philippovichgasse 2–4 und das direkt anschließende „Ledigenheim" in der Billrothstraße 9, das erste kommunale Studierendenheim der Stadt.

Ella Briggs reagierte auf das spitzwinkelige Grundstück mit der Anordnung expressionistisch angehauchter gestaffelter Baukörper um einen mittigen Straßenhof und geschlossenen Gartenhöfen. Das so gut wie im Originalzustand erhaltene Gebäude (Sanierung: Liane Liszt, 2005) wird heute vom Neunerhaus betrieben, einer Sozialorganisation für Wohnungslose. „In dem baukünstlerischen Chaos, das die Wiener Volkswohnungspaläste über die Stadt verbreiteten", dürfe man den Pestalozzi-Hof zu den erfreulicheren Beispielen rechnen, schrieb der mit Wien streng ins Gericht gehende Architekturkritiker Leo Adler.[10]

Mangels weiterer Aufträge in Wien zog Briggs-Baumfeld nach Berlin, wo 1930 ihre Wohnanlage im Ortsteil Mariendorf im Bezirk Tempelhof-Schöneberg fertiggestellt wurde. Sie betätigte sich zudem publizistisch, unter anderm in der renommierten Zeitschrift *Bauwelt*. Sie sparte aber auch die großräumige Komponente nicht aus: „Schon bei der Landwahl" solle die städtebauliche Planung einsetzen, wobei Bodenbeschaffenheit, Windverhältnisse sowie Erreichbarkeit von Arbeitsplätzen und Schulen ebenso zu berücksichtigen seien wie der zukünftige Verkehr.[11]

Margarete Lihotzky wurde 1915 bei Oskar Strnad an der Kunstgewerbeschule aufgenommen. Zurück in Wien, nahm sie 1920 mit dem Gartenarchitekten Alois Berger an einem Wettbewerb für eine Kleingartenanlage am Schafberg teil. Nach dem Öffnen der Kuverts mit den Namen der Teilnehmenden staunte die Jury, dass auch eine Frau dabei war. Im spaßigen Raten, welcher Entwurf wohl von dieser stammen könnte, tippten sie auf den kitschigsten. Dass der viertgereihte Beitrag – der radikalste und einzige, der auf normierten Bauteilen aufbaute – einer weiblichen Hand entsprungen sein könnte, kam ihnen nicht in den Sinn.[12]

So wurde die Fachwelt auf sie aufmerksam, was ihr schließlich eine Anstellung bei Adolf Loos einbrachte, der 1921 Chefarchitekt des Siedlungsamtes wurde. Mit Hans Kampffmeyer und Loos arbeitete sie an der Siedlung Friedensstadt in der Hermesstraße, die von Reihenhäusern mit schmalen, steilen Treppen – wie in den Niederlanden üblich – gekennzeichnet ist. „Das Haus ist die rationalisierte Organisation unserer Lebensgewohnheiten"[13], schrieb sie 1921 und legte dar, dass es notwendig sei, sich als Architektin in die Lebensgewohnheiten der Menschen hineinzudenken.

In diesen Jahren arbeitete sie auch mit den „Stararchitekten" der Zeit – Josef Hoffmann, Peter Behrens, Oskar Strnad, Oskar Wlach und Josef Frank – am Winarsky-Hof. Während die Männer jeweils bis zu 200 Wohnungen planten, beauftragte die Gemeinde die 26-jährige Architektin mit gerademal 40 Einheiten, wobei schließlich nur die Loggien nach ihren Plänen realisiert wurden.

10 Adler, Leo: *Wohnhausblock und Ledigenheim „Pestalozzihof" in Wien*, in: *Wasmuths Monatshefte für Baukunst*, Jg. 12, 2/1928, S. 69ff.

11 Briggs, Ella: *Praktische Fragen zur Erwerbslosensiedlung*, in: *Bauwelt*, Jg. 22, 44/1931, S. 1394ff.

12 „Der Hauptvorzug dieses Entwurfes liegt in den Baulichkeiten, welche in technischer und architektonischer Hinsicht die beste Lösung unter allen Wettbewerben darstellen. Die Hütten und Wohnmöglichkeiten sind im Grundriß und Aufriß sehr gut gelöst, und es ist auf eine einfache und ökonomische Herstellungsmöglichkeit Rücksicht genommen", hieß es im Juryprotokoll. Zogmayer, Karin (Hg.): *Margarete Schütte-Lihotzky: Warum ich Architektin wurde*, Salzburg, Residenz 2004, S. 45.

13 „Das Wohnhaus ist die realisierte Organisation unserer Lebensgewohnheiten. Je mehr sich der Architekt in diese Lebensgewohnheiten der Menschen hineindenkt, vielmehr hineinfühlt, je mehr er es versteht, das Hauptsächliche von dem Nebensächlichen zu unterscheiden, das Wichtige zu betonen, und den Bewohner unbewußt so zu führen, daß er erstens praktisch technisch sein Leben, seine Arbeit, die ganze Bewirtschaftung tadellos führen kann und zweitens seinen Genuß am Wohnen, am Leben in seinem Hause die richtige Bedeutung, auch formale Bedeutung verleiht, desto angenehmer, desto wohnlicher und zufriedener wird sich der Bewohner fühlen", schreibt Margarete Schütte-Lihotzky in: *Einiges über die Einrichtung österreichischer Häuser unter besonderer Berücksichtigung der Siedlungsbauten*, in: *Schlesisches Heim. Monatsschrift der schlesischen Heimstätte, provinziellen Wohnungsfürsorgeges.m.b.H.*, 8/1921.

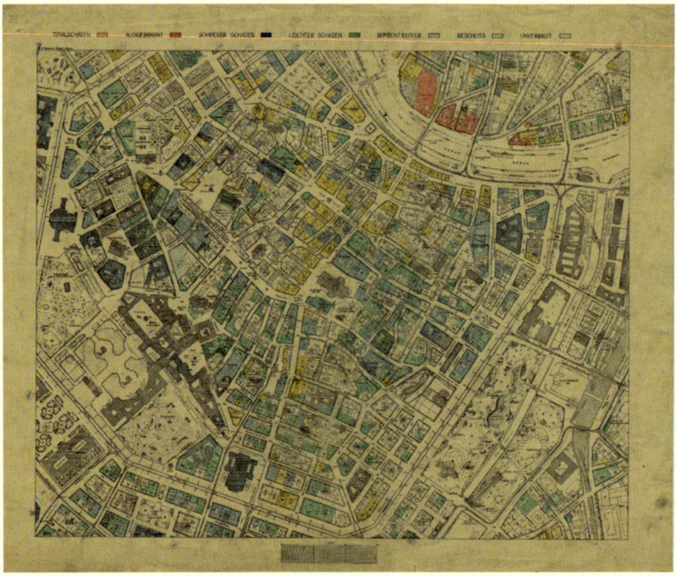

← Der andere Blick auf die Stadt: Martha Bolldorf beteiligte sich am Wiederaufbau des Stephansdoms nach dem Zweiten Weltkrieg und erstellte Kriegsschadenspläne wie diesen für die Wiener Innenstadt.

Am Hochbauamt der Stadt Frankfurt/M. unter Ernst May befasste sie sich weiterhin mit Fragen der Optimierung von Grundrissen und Einbaumöbeln. Ihre *Frankfurter Küche* wurde über 10.000 Mal gefertigt. Den Stempel der „Küchenarchitektin" wurde sie bis heute nicht los. Mit May und ihrem Ehemann Wilhelm Schütte ging sie 1930 in die Sowjetunion, wo sie als Leiterin der Abteilung für Kinderanstalten an der Planung neuer Städte arbeitete. In Wien wurde 1952 wurde ihr Fröbel-Kindergarten am Kapaunplatz eröffnet.

Ella Briggs und Margarete Schütte Lihotzky wurden weltberühmt. In Wien blieb ihnen – statt weiterer Aufträge – bloß später Ruhm. Der von den Architektinnen Franziska Ullmann und Liselotte Peretti geplante Bauteil der 1997 fertiggestellten Wohnhausanlage Frauen-Werk-Stadt in der Donaufelder Straße wurde 2001 in Margarete-Schütte-Lihotzky-Hof umbenannt. Der dem Pestalozzi-Hof benachbarte Gemeindebau wurde 2019 Ella-Briggs-Hof getauft.

Flucht und Doppelkarrieren

Zahlreiche Architektinnen trieb der Mangel an Ausbildungschancen und Berufsaussichten ins Ausland, wie Leonie Pilewski (1897–1992), die an der TH Darmstadt studierte, in Berlin wie Moskau und nach der Emigration 1938 in Schweden arbeitete.

Parallel dazu durchlebte auch Liane Zimbler (1892–1987) eine österreichisch-amerikanische Karriere. Ausgebildet an der Kunstgewerbeschule, arbeitete sie als Illustratorin, Möbelentwerferin und Modedesignerin für den Salon von Emilie Flöge. In ihrem eigenen, auf Umbauten und Innenraumgestaltungen spezialisierten Atelier entwickelte sie zum heute erneut hochaktuellen Thema „Wohnen und Arbeiten" das „kombinierte Zimmer". Sie verstand es vorzüglich, das Praktische mit dem Eleganten zu verbinden – egal ob sie Kleinstwohnungen zu Raumwundern verwandelte oder zu große Gründerzeitwohnungen für neue Lebensmodelle adaptierte. Ihre Arbeiten wurden international rezipiert. Dank guter Auftragslage konnte sie Ende der 1920er-Jahre in Prag ein weiteres Atelier eröffnen. Nachdem sie 1938 als eine der ersten Frauen die (neu eingeführte) Ziviltechnikerprüfung ablegte, flüchtete Liane Zimbler mit ihrem Mann Otto nach Los Angeles, wo sie 1941 nach dem Tod der Eigentümerin die Einrichtungsfirma von Anita Toor übernahm und bis ins hohe Alter als Architektin tätig war.

Durch die Nazizeit in die Nachkriegsära

Für jene, die bleiben konnten, Frauen wie Männer, war die Mitgliedschaft in der Reichkammer der Künste obligatorisch, um den Beruf überhaupt ausüben zu können. Etliche traten zwecks besserer Berufsaussichten der NSDAP bei. Zum Beispiel die an der Technischen Hochschule ausgebildete Elisabeth Hofbauer-Lachner (1913–1977), die beim Luftbaukommando Wien Flugplatzanlagen entwarf und 1938 gemeinsam mit Karl Dirnhuber am Wettbewerb für das Wiener Messegelände teilnahm; ihr Beitrag wurde mit einem Ankauf gewürdigt. Danach arbeitete sie im Büro von Hans Kamper, federführender Mitarbeiter im Stab von Hanns Dustmann bei der NS-Planung von Wien, unter anderem an Stadtplanungen für Bregenz und Kufstein.[14] Nach dem Krieg war sie, meist in größeren Arbeitsgruppen, an Wohnbauten der Gemeinde Wien beteiligt.

Die erste Absolventin des Architekturstudiums an der Akademie der bildenden Künste (an der Meisterschule von Clemens Holzmeister) war Martha Bolldorf (geb. Reitstätter, 1912–2001). Als Holzmeisters Mitarbeiterin erhielt sie den Auftrag zur alleinigen Ausgestaltung des RAVAG-Funkhauses in Wien und arbeitete ab 1938 selbstständig, unter anderem als Stadtplanerin in Eisenstadt. Als solche war sie auch 1942/43 im Zuge eines freiwilligen Kriegseinsatzes auf der Halbinsel Krim tätig. Vielfältig – von der Beteiligung am Wiederaufbau des Stephansdoms und die Erstellung von Kriegsschadensplänen für die Stadt Wien über Sakralbauten und Wohnhausanlagen – war ihr Tätigkeitsfeld in den Jahrzehnten nach dem Krieg.

Wie Bolldorf-Reitstätter und Lassmann fanden im Wiener Wohnbau der Nachkriegszeit zahlreiche Architektinnen ein Betätigungsfeld und waren dort oft bis in die 1980er-Jahre aktiv. Wohl auch, weil sie in der männlich dominierten Architekturberichterstattung keine Resonanz fanden, steht ihr heutiger Bekanntheitsgrad in keiner Relation zu Größe und Zahl der geplanten Projekte. Ihre Leistungen nachhaltig sichtbar zu machen, das ist nicht nur ihrer Reputation zuträglich, sondern auch ein Ansporn für künftige Berufsgenossinnen, damit sich irgendwann die Erkenntnis durchsetzt, dass es weniger diktatorischer Strenge, sondern mehr von der von Schütte-Lihotzky propagierten Einfühlsamkeit braucht, um lebenswerte Wohnungen und Siedlungen planen zu können.

14 Plakolm-Forsthuber, Sabine: *ZV-Frauen bauen mit! Wege und Irrwege der ersten Architektinnen in der ZV (1925–1959)*, in: Holzschuh, Ingrid (Hg.): *Baukultur in Wien 1938–1959. Das Archiv der Zentralvereinigung der ArchitektInnen Österreichs (ZV)*, Basel, Birkhäuser 2019, S. 53.

Stadt, Raum, Geschlecht

Sabine Pollak

° 1960, studierte Architektur und leitet gemeinsam mit Roland Köb das Architekturbüro Köb&Pollak Architektur in Wolfurt und Wien. Seit 2008 ist sie Professorin für den Bereich Architektur und Urbanistik an der Kunstuniversität Linz. Ihre Arbeitsschwerpunkte sind Urbanistik, Wohnbau, Architekturtheorie und Genderforschung.

Genderforschung hat viele Disziplinen positiv verändert. Auch das Bauen von Städten. Je diverser die Planungsgruppen und je mehr Nutzer*innen miteinbezogen werden, desto besser das Quartier. Ein Appell.

Verfestigt Raum Rollenbilder oder löst er sie auf? Erfüllt er geschlechtliche Zuweisungen? Erzeugt er Klischees? Diese Fragen lassen sich nicht eindeutig beantworten, zu vielschichtig ist alleine die Definition von Raum an sich. Man könnte sich jedoch auf folgende These einigen: Architektur ist nicht nur gebauter Raum, sondern schließt immer das Verhältnis zwischen Raum und Gesellschaft mit ein. Mit allem, was wir zeichnen, planen oder bauen, wirken wir an der Verfestigung oder Auflösung gesellschaftlicher Verhältnisse mit.

Das ist prinzipiell gut, denn die Annahme bedingt die Möglichkeit der Transformation von gewohntem Raum, von Rollenbildern und Klischees. Idealbilder von Wohn- und Stadträumen und deren geschlechtliche Entsprechungen und Verbildlichungen sind nicht mehr länger als natürliche Gegebenheiten zu sehen, sondern können und sollen immer wieder aufs Neue debattiert und transformiert werden. Zum Glück ist Architektur nicht mehr länger der ideale Wurf einzelner, vornehmlich männlicher Personen (ein Mann, eine Skizze – à la Le Corbusier). Raumproduktionen und Stadtplanung beziehen heute vermehrt unterschiedlichste Akteurinnen, Praktiken und Aneignungsformen mit ein und erfolgen als Entstehungsprozesse mit durchaus veränderbaren Regeln.

Genderforschung hat viele Disziplinen positiv verändert. Sie hat das Wissenschaftsfeld erweitert, hat althergebrachte Erkenntnisse auf den Kopf gestellt (Herstory statt History) und tut auch der Architektur- und Stadtentwicklung gut. Sie erweitert die Sichtweise auf die Stadt, Vorstadt oder auf das Quartier und ermöglicht eine Vorstellung von Raum als utopischen Lebensentwurf, in dem Möglichkeiten verhandelt, Rollen getestet und Klischees ad absurdum geführt werden. Der Begriff „Gender" wurde in wissenschaftliche Diskurse eingeführt, um eine Unterscheidung treffen zu können – zwischen dem biologischen Geschlecht einerseits und dem gesellschaftlichen, im weitesten Sinne geformten, erwarteten und reproduzierten Geschlecht andererseits.

Gender oder Geschlechtsidentität beschreibt eine vom Geschlecht selbst unabhängige Größe und definiert die kulturelle, politische und

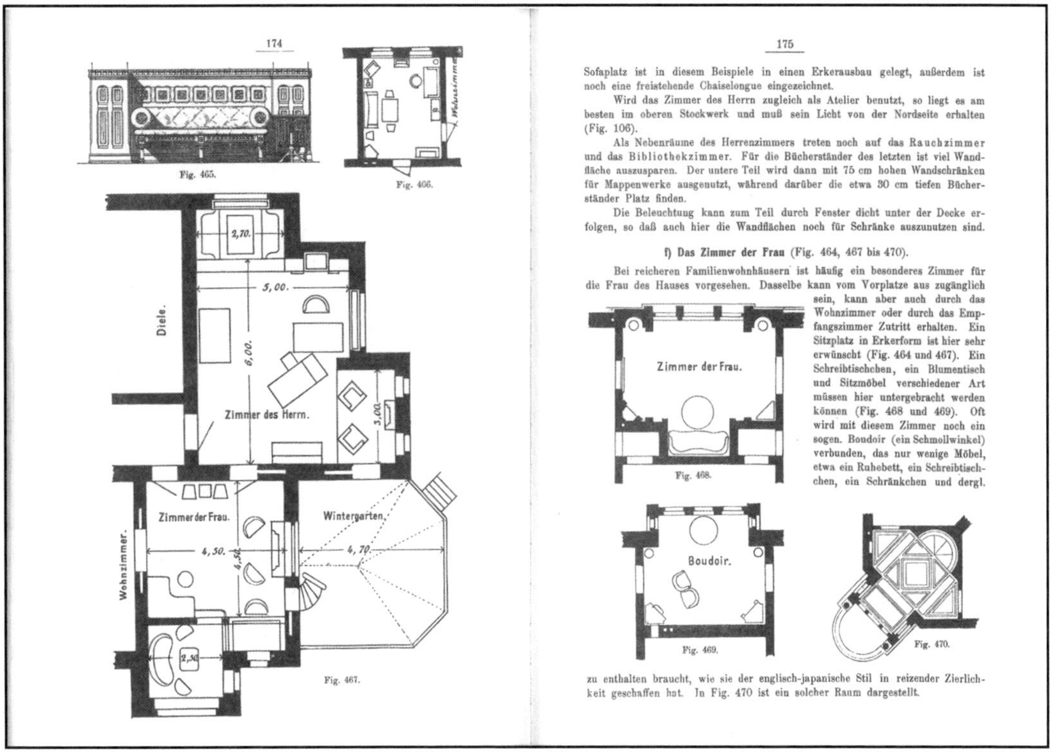

174

Fig. 465.

Fig. 466.

Fig. 467.

175

Sofaplatz ist in diesem Beispiele in einen Erkerausbau gelegt, außerdem ist noch eine freistehende Chaiselongue eingezeichnet.

Wird das Zimmer des Herrn zugleich als Atelier benutzt, so liegt es am besten im oberen Stockwerk und muß sein Licht von der Nordseite erhalten (Fig. 106).

Als Nebenräume des Herrenzimmers treten noch auf das Rauchzimmer und das Bibliothekzimmer. Für die Bücherständer des letzten ist viel Wandfläche auszusparen. Der untere Teil wird dann mit 75 cm hohen Wandschränken für Mappenwerke ausgenutzt, während darüber die etwa 30 cm tiefen Bücherständer Platz finden.

Die Beleuchtung kann zum Teil durch Fenster dicht unter der Decke erfolgen, so daß auch hier die Wandflächen noch für Schränke auszunutzen sind.

f) Das Zimmer der Frau (Fig. 464, 467 bis 470).

Bei reicheren Familienwohnhäusern ist häufig ein besonderes Zimmer für die Frau des Hauses vorgesehen. Dasselbe kann vom Vorplatze aus zugänglich sein, kann aber auch durch das Wohnzimmer oder durch das Empfangszimmer Zutritt erhalten. Ein Sitzplatz in Erkerform ist hier sehr erwünscht (Fig. 464 und 467). Ein Schreibtischchen, ein Blumentisch und Sitzmöbel verschiedener Art müssen hier untergebracht werden können (Fig. 468 und 469). Oft wird mit diesem Zimmer noch ein sogen. Boudoir (ein Schmollwinkel) verbunden, das nur wenige Möbel, etwa ein Ruhebett, ein Schreibtischchen, ein Schränkchen und dergl. zu enthalten braucht, wie sie der englisch-japanische Stil in reizender Zierlichkeit geschaffen hat. In Fig. 470 ist ein solcher Raum dargestellt.

Fig. 468.

Fig. 469.

Fig. 470.

↑ Zimmergrundrisse für Mann und Frau: Im Vergleich zum Zimmer des Herrn wurde das Boudoir der Dame im 19. Jahrhundert stets klein dimensioniert und mit niedlichen Möbeln ausgestattet.

soziale Bedeutung, die der sexuell bestimmte Körper annimmt, indem er die Erwartungen erfüllt, die an diesen Körper gestellt werden. Man geht davon aus, dass Frauen die besseren Pflegerinnen sind, und teilt es diesen so lange immer wieder mit, bis diese es als tatsächlich natürliche Begabung hinnehmen. Für das Zustandekommen solcher Zuweisungen ist ein relativ rigider, gleichbleibender und sich ständig wiederholender Rahmen wichtig. Da spielen Erziehung, Bildung und Sprache eine Rolle – aber eben auch der Raum. Und: Das Perfide daran ist, dass Raum im Normalfall mit einem auf Dauer angelegten, ja oft Jahrhunderte überdauernden Konzept verbunden ist.

Allein: Die Koppelung von Raum (Wohnraum, Haus, Siedlungsraum, Stadtraum) mit der Vorstellung von so fälschlich als natürlich angenommenen Zuschreibungen ist fatal. Rollenzuteilung und Klischees werden gleichsam in Material verfestigt und mit dem Entwurf gleich mitgeliefert. Es gilt also, mit allem aufzuräumen: mit den Rollenklischees wie auch mit den festgeschriebenen Raumvorstellungen. Zum Glück ist heute Geschlecht längst nicht mehr ausschließlich männlich oder weiblich – alles scheint im Fluss, eine angenehme Vielfalt macht sich breit, Diversität ist in vielen Bereichen und Disziplinen oberstes Gebot. Stellt sich nur die Frage: Was trägt Architektur zu dieser Vielfalt bei?

Ein Haus für queere Personen? Ist das genug? Vorsicht auch mit allzu genauen Raumzuschreibungen (ein Haus für Männer, für Frauen, für die LGBTQIA*-Community). In der bürgerlichen Wohnung des 19. Jahrhunderts waren Zimmer der Dame und Boudoir im Vergleich zum Zimmer

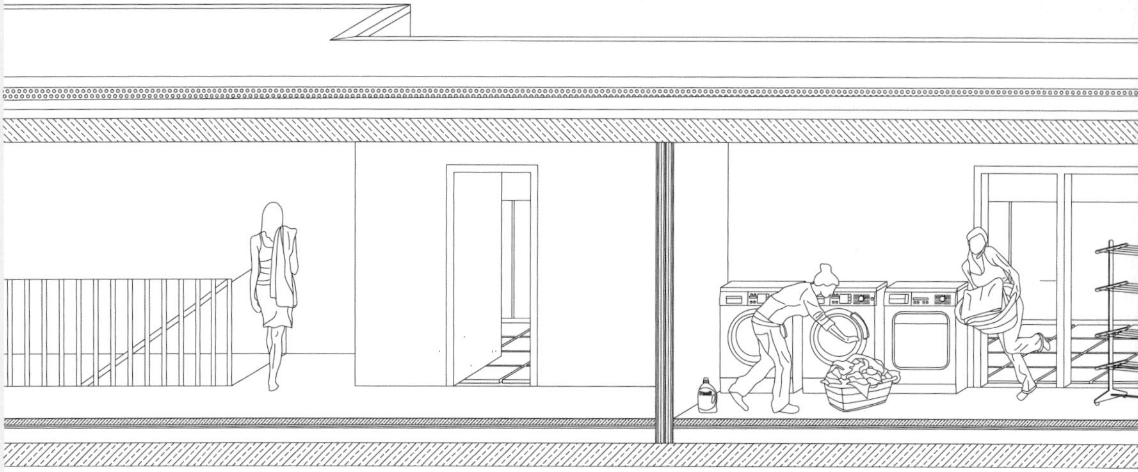

↑ Querschnittsmaterie Wohnen: Im Frauenwohnprojekt [ro*sa] sind die Gemeinschaftseinrichtungen wie etwa Waschküche und Urban Gardening im attraktiven letzten Stock angesiedelt.

des Herrn nicht deshalb so klein und mit so kleinen, niedlichen Möbeln ausgestattet, weil Frauen klein und zerbrechlich waren. Eher umgekehrt: Das gesellschaftliche Idealbild der passiven, kränkelnden und unter Hysterie leidenden Frau musste in einem sich ständig wiederholenden Prozess immer wieder hergestellt werden. Wohnung und Einrichtung funktionierten dabei als eine Maschinerie, die dieses Bild ständig bediente und weiter daran arbeitete.

Dem Wohnen und der Organisation der Wohnung kommt in einem Prozess der Emanzipierung von Rollenbildern also eine bedeutende Rolle zu. Architektur produziert und reproduziert normalerweise ein gängiges Modell des geteilten Raumes und differenziert in einen privaten und einen öffentlichen Raum. Mit dieser Vorstellung eines zweigeteilten Raumes reproduziert Architektur auch die gängigen Modelle von Geschlechterverhältnissen und die gängigen Vorstellungen von Differenz, von Rollen und Zuweisungen.

Die Architektur des Wohnens produziert also Geschlecht. Nur selten ist in das Konzept von Wohnen eine Kritik an diesen gängigen Modellen inkludiert. Im Gegenteil: Meistens verstärken Konzepte gängige Wertvorstellungen und Machtstrukturen. Zudem ist Wohnen per se traditionell. Wohnungstypologien haben sich über die Jahrhunderte nur marginal verändert. Wohnräume wurden kleiner, Küchen offener, Hygiene und Barrierefreiheit wurden als Standards eingeführt, jedoch bleibt die grundsätzliche Konstellation von Zimmer, Wohnzimmer, Küche und Bad (fast) immer dieselbe.

Es ist also schwierig, sich eine Wohnbau- oder Stadtarchitektur vorzustellen, die per se befreiend ist, die Klischees verhindert und neue, noch nicht bekannte Rollen provoziert. Nicht zuletzt gibt es wenige Vorbilder dafür. Versuche in der Vergangenheit scheiterten oft – etwa das Kommune-Wohnen, das zwar sexuelle Freiheit förderte, aber oft auch andere Machtverhältnisse produzierte. Darüber hinaus wurden radikale Erneuerungen oft schnell wieder im Keim erstickt. Der Heimhof in Wien beispielsweise – ein küchenloses Haus für arbeitende Personen ohne

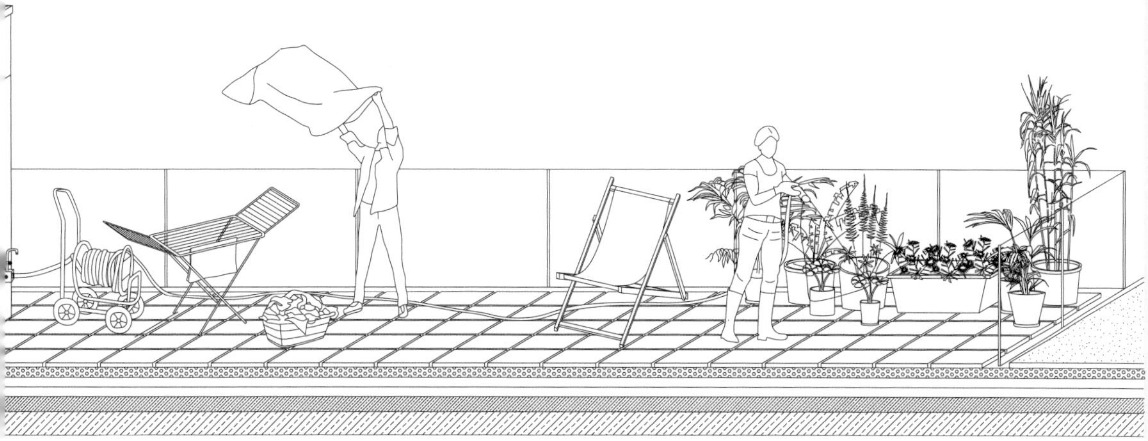

Kinder mit einer Restaurantküche im Erdgeschoss – war ein solches Experiment, das der Nationalsozialismus nach nur wenigen Jahren beendete.

In diesem Zusammenhang stellt beispielsweise das Frauenwohnprojekt ro*sa Donaustadt auch nur einen Baustein in einer langsamen Entwicklung dar, das zur Befreiung von herkömmlichen Geschlechterrollen dennoch etwas beitragen kann. Seit jeher mussten sich Frauen um das Wohnen und alle mit dem Wohnen verbundenen Tätigkeiten kümmern, waren aber lange von der Produktion und Konzeption von Wohnungsbau ausgeschlossen. Dem kann ein Projekt entgegenwirken, das mit und für Frauen entwickelt wird.

Wohnbau ist eine träge Masse, gebunden an Ökonomie, Gewohnheiten, Traditionen und Vorschriften. Immer wieder erstaunt es mich, wie traditionell Wohnbau ist und wie sehr auch neuer Wohnungsbau konventionelle Praktiken des Wohnens fortschreibt. Dies beginnt mit der Situierung von Wohnbau im Raum der Stadt (heute meist am Stadtrand), setzt sich fort in der Struktur der Gebäude (Brandschutz ist wichtiger als Kommunikation) und spiegelt sich vor allem in Grundrisstypologien wider. Stadt wird aus Sicherheitsaspekten und aufgrund unserer digitalen Gewohnheiten zunehmend isolierter. Dem sollten wir dringend kommunikative Architekturen gegenüberstellen. Stadtplanung rein aus Sicht der (oft männlichen) Expert*innen zu betreiben – das ist ja ohnehin passé. Je diverser die Planungsgruppen und je mehr kommende Nutzer*innen miteinbezogen werden, desto besser wird das Quartier werden.

Genderforschung sollte in Zusammenhang mit Wohnraum und Stadt nicht als lästige zusätzliche Kategorie gesehen werden. Ganz im Gegenteil, die geschlechtliche Identität eröffnet alles. Sie ermöglicht uns, heute als Frau und morgen als Mann aufzutreten. Sie schafft die Utopie, von der wir immer träumten, den Ort, an dem wir Traditionen vergessen und Neues ausprobieren können, wo Vielfalt, Gleichstellung, Akzeptanz und Toleranz herrschen. Das macht Genderforschung mit Architektur. Und diesen Traum sollten wir konsequent verfolgen.

„Ich habe selten so viel Weiblichkeit im städtischen Raum gesehen wie in Accra“

Baerbel Mueller ist Architektin in Österreich und Ghana und leitet seit Kurzem das Institut für Architektur an der Universität für angewandte Kunst Wien. In Sachen Weiblichkeit und Gender-Equality, sagt sie, sei Afrika vielen europäischen Ländern voraus.

Seit Oktober 2021 sind Sie Leiterin des Instituts für Architektur an der Universität für angewandte Kunst Wien. Happy?

Mueller: Ich habe mich über diese Anfrage sehr gefreut. Und ich habe sie als Chance gesehen, meine experimentelle Arbeitsweise einzubringen und neu zu choreografieren. Aber für mich ist klar: Mein professionelles und privates Leben spielt sich in Österreich und Ghana gleichermaßen ab. In Hinblick auf meine internationale Arbeit möchte ich daher keine Kompromisse eingehen.

Wie nehmen Sie Frauen in der Lehre und in der Institutsleitung wahr? Sehen Sie eine Entwicklung während der letzten Jahre und Jahrzehnte?

Mueller: Mit einer Weltwahrnehmung, in der es nur Männer und Frauen gibt, tue ich mir sehr schwer. Für mich ist der Begriff Diversität größer, er umfasst nicht nur Er und Sie, sondern viele In-between-Identitäten und In-between-Räume. Derzeit interessiere ich mich vor allem für den Diskurs zum Post-Anthropozän. Das heißt: Ich schaue mir gerne Beziehungsgefüge und Formen der Co-Existenz zwischen unterschiedlichen Lebensformen an. Das Mann-Frau-Thema sollte eigentlich überholt sein …

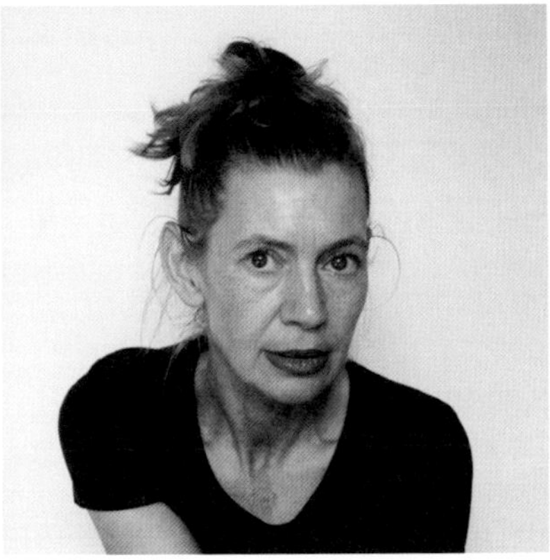

Baerbel Mueller

°1972, ist Architektin und Forscherin in Österreich und Ghana. Sie leitet das [Applied] Foreign Affairs Lab, das räumliche, ökologische und kulturelle Phänomene in Subsahara-Afrika und im Nahen Osten untersucht, und ist seit Oktober 2021 Institutsvorstand für Architektur an der Universität für angewandte Kunst Wien.

Inwiefern schlägt sich diese nicht-binäre Kultur in der universitären Ausbildung nieder?

Mueller: Die Angewandte stellt für mich in Österreich eine Art Insel dar. Wir sind sehr international, es gibt viele unterschiedliche Backgrounds. Frauen in führenden Positionen sind hier mit einer absoluten Selbstverständlichkeit zu finden. Unter anderen haben hier auch die beiden Pritzker-Preis-Trägerinnen Kazuyo Sejima und Zaha Hadid unterrichtet. Und um auf Ihre Frage zu antworten: Ich finde es sehr schön mitzuerleben, dass es in der derzeitigen Studierenden-Generation nicht mehr nur das binäre Rollendenken gibt, sondern dass Identität viel freier wahrgenommen und gelebt wird.

Das deckt sich nicht unbedingt mit dem österreichischen Selbstverständnis.

Mueller: Leider! Wien ist nicht besonders divers. Die österreichische Idee von Kleinfamilie und Gesellschaftsform ist wahnsinnig reaktionär. In vielen anderen Kulturkreisen ist das schon lange nicht mehr ausschließlich der Fall.

Inwiefern haben Themen wie etwa Gender-Planning, die gendergerechte Stadt und die Sustainable Development Goals (SDG) der United Nations in die Lehre Einzug gehalten?

Mueller: Ich bin in der privilegierten Situation, bei [Applied] Foreign Affairs mit Studierenden und Partnern aus ganz unterschiedlichen Backgrounds und Nationen zusammenzuarbeiten. Und: In den meisten Teams habe ich sogar einen Frauenanteil von 60 bis 70 Prozent. Das deckt sich wunderbar mit den SDGs der Vereinten Nationen, Punkt 5, in dem es um Frauengleichheit und Gender-Gerechtigkeit geht. Aber ich würde nicht behaupten, dass ich in meiner Lehre genderspezifische Aspekte einbringe. Ich erwarte, dass man vorgefasste Bilder auflöst, und spreche viel über die Notwendigkeit des „Unlearning" und „Decolonizing".

Haben Sie dazu ein Beispiel?

Mueller: Seit 2009 arbeite ich mit einer österreichisch-ghanaischen NGO in Guabuliga im Norden Ghanas. 2019 wurden wir angefragt, dort einen Markt zu realisieren. Dazu muss man wissen: Das Marktgeschehen in Ghana ist zu 90 Prozent in weiblicher Hand. Hier bauen Frauen ihren unabhängigen Arbeitsplatz auf, hier prägen sie den öffentlichen Raum, hier verbringen sie die Zeit mit ihren Babys am Rücken. Wir haben die Frauen in Guabuliga selbstverständlich in den Planungsprozess einbezogen, sozusagen als Auftraggeberinnen und Nutzerinnen. Für mich war klar, dass ich bei so einer sensiblen Thematik Frauen mit der Durchführung der Interviews betrauen muss. Ich wäre nie auf die Idee gekommen, einen männlichen Studierenden – einen weißen, blonden, jungen Mann – ins Gespräch zu schicken.

Wie sehr sind ghanaische Frauen im öffentlichen Raum präsent?

Mueller: Im öffentlichen Leben sind Handel und Marktgeschehen eindeutig eine Frauendomäne – nicht nur in Guabuliga, nicht nur in kleinen Dörfern, sondern auch auf den großen Märkten in Kumasi und Accra. Hier zeigt sich: Eine Frau ist autonom und agiert selbstständig. In der Bildungselite sind Frauen oft in Leading Positions. Bei den Einkommen herrscht Gleichberechtigung. Aber dennoch ist der öffentliche Raum, von dem Sie hier sprechen, in vielen afrikanischen Ländern eine Art Fremdwort.

Warum?

Mueller: Im Gegensatz zu mitteleuropäischen Ländern gibt es weniger scharfe Grenzen zwischen privaten und öffentlichen Räumen. Es gibt ganz andere Lesearten von Privatheit und Öffentlichkeit. Ich ersetze den Begriff „Public Spaces“ daher gerne mit „Open Spaces“. Wenn ich etwa eine Marktfrau bin, die Papaya und Bananen verkaufen möchte, dann kann ich meinen Tisch aufstellen oder mobil aus einer Schüssel verkaufen. Natürlich gibt es Regelwerke, aber diese sind dynamischer und viel weniger festgeschrieben als in Europa. Man braucht nicht unbedingt einen geschlossenen oder klar definierten Raum, um respektiert zu werden. Es reicht die Präsenz des weiblichen Körpers in seinen bunten Textilien. Ich habe selten so viel selbstbewusste Weiblichkeit im städtischen Raum gesehen wie in Accra oder Kumasi.

Sie haben auch schon in arabischen Ländern gearbeitet. Wie definiert sich da der öffentliche Raum?

Mueller: Das absolute Gegenteil! Ich habe Projekte in Erbil und Damaskus konzipiert und realisiert, und da spielt der klar abgegrenzte Raum für Mann und Frau eine sehr wichtige Rolle – nicht nur im Privaten und Geschäftlichen, sondern auch im Urbanen. In einem Camp im Nordosten von Erbil in Kurdisch-Irak beispielsweise haben wir Rückzugsräume für Frauen geplant, weil sich gezeigt hat, dass die Musliminnen im ganzen Camp keinen einzigen männerlosen Raum für sich hatten, in dem sie zum Beispiel ihren Schleier ablegen konnten.

↑ Stadtplatz der Frauen: Das Marktgeschehen in Ghana liegt zum überwiegenden Teil in weiblicher Hand. Der Markt in Guabuliga im Norden des Landes wurde nach Plänen von Baerbel Mueller entworfen.

Wie sieht dieser Raum aus?

Mueller: Wir wollten für die Frauen ursprünglich ein Hamam als ultimativ introvertierten Raum bauen. Leider wurde das Hamam von der Unido als Auftraggeberin aus finanziellen Gründen eingespart. Was wir allerdings realisieren konnten, ist eine Art Agricultural Training Center, in dem die Frauen aus dem Camp dann auch eine eigene Kooperative gegründet haben.

Kommen wir zurück nach Ghana. In Accra haben Sie ein Kunstmuseum für die Nubuke Foundation gebaut.

Mueller: Die Nubuke Foundation wurde 2009 gegründet und befand sich in einem Wohngebäude mit großem Garten in East Legon, einem Stadteil in der Nähe des Flughafens. 2016 wurde ich gebeten, ein Proposal für eine Neuorientierung und Erweiterung zu machen. Auf dieser Basis wurde dann ein kleiner Wettbewerb ausgeschrieben, den ich gewonnen habe. Ich war die Einzige, die keinen Abriss vorgeschlagen hat, sondern das bestehende Wohnhaus umbauen und erweitern wollte. Das Projekt habe ich dann gemeinsam mit Juergen Strohmayer realisiert. Wir haben es geschafft, den Garten als fließenden Außenraum zu erhalten. Und mittendrin steht ein roher, nackter Betonbaukörper, der sich mit seinen dunklen Farben im Stadt- und Kulturraum zurücknimmt und die Bühne den Menschen und ihrer Kunst überlässt.

Wie lautet Ihre Aussicht auf die Zukunft?

Mueller: In meiner derzeitigen Situation – sowohl aus der Generationenperspektive als auch aus der Sicht der Lehrenden – ist es spannend zu sehen, wie da eine neue Generation an jungen Frauen heranwächst und emporkommt, die genug Selbstbewusstsein mitbringt, Architektur zu machen und Stadt mitzugestalten. Ich wünsche mir, dass sich das weiter so entwickelt.

Und wie lauten Ihre Lehrziele?

Mueller: Ganz ehrlich? Ich wünsche mir, dass wir uns mit solchen Gender-Themen nicht mehr beschäftigen müssen. Wir haben ganz andere, akute Herausforderungen zu bewältigen – allen voran Climate Care. Es wird Zeit, darauf zu reagieren, dass wir Menschen nicht allein auf diesem Planeten unterwegs sind. Architektur und Stadtplanung spielen hier eine essenzielle Rolle.

Die Meisterin plant

Große Pläne für die Stadt von morgen

Die Stadt, wie wir sie kennen, ist eine Mischung aus Zufall und Planung. Doch um eine wirklich funktionierende Stadt zu bauen, braucht es heute eine klare Vision und eine sorgfältige Planung.

Dazu zählen Geografie, Klima, Verkehr, Grünräume, Orte zum Wohnen und Arbeiten, technische Infrastruktur und natürlich auch soziale Spielregeln. Eine gute Masterplanung berücksichtigt alle Menschen und möglichst viele unterschiedliche Lebenskonzepte. Gut, wenn frau dabei nicht nur die Männer im Blick hat.

→

Marion Mahony Griffin

„Ich sehe eine junge Stadt und all ihre Vororte, eine wunderschöne Landschaft mit Bergen, Straßen, prächtigen immergrünen, blühenden Baumpflanzungen, mit Straßenlaternen, mit dem Parlamentsgebäude und anderen Regierungsgebäuden, mit Wohnhäusern, Geschäften und Theatern."

Marion Mahony Griffin

○ 1871 in Chicago USA

● 1961 in Chicago

Architekturstudium in den USA, beruflicher Werdegang in den USA sowie in Indien und Australien

Projekte: Interior-Design, Wohnhäuser, Kultureinrichtungen, Landschafts- und Stadtplanungsprojekte

ZUR PERSON

Marion Mahony Griffin wächst in Chicago auf und ist 1894 die zweite Frau, die am Massachusetts Institute of Technology (MIT) in Boston USA ein Architekturstudium abschließt. Damit ist sie eine der ersten lizenzierten Architektinnen weltweit. Sie arbeitet mit Frank Lloyd Wright zusammen und erstellt für ihn Architekturzeichnungen. Mit ihren perspektivischen Darstellungen, die von japanischen Drucken beeinflusst sind, gibt sie seinen Entwürfen ein Gesicht. 1911 nimmt sie gemeinsam mit ihrem Ehemann Walter Burley Griffin am internationalen Wettbewerb für den Masterplan der neuen australischen Hauptstadt Canberra teil und gewinnt den 1. Preis. Um das Projekt betreuen zu können, wandern die beiden 1914 nach Australien aus. In den 1930er-Jahren arbeiten sie in Indien und bauen die Universitätsbibliothek in Lucknow IND. 1939 kehrt Marion Mahony Griffin nach Chicago zurück, wo sie bis zu ihrem Tod lebt.

ZUR ARBEIT

In ihren ersten Berufsjahren bei Frank Lloyd Wright entwirft Marion Mahony Griffin Möbel, Glasmalereien und dekorative Architekturelemente. Als Wright im Jahr 1909 unerwartet nach Europa zieht, beaufsichtigt sie die Fertigstellung zahlreicher unvollendeter Projekte. In Australien realisiert sie ihre ersten eigenen Bauten: Während ihr Mann Walter zum Planungsdirektor des Hauptstadtbaus ernannt wird, plant sie zahlreiche Gebäude in Sydney AUS und Melbourne AUS, darunter Privatvillen, Kaffeehäuser sowie das berühmte Capitol Theatre in prächtigstem Art déco. Es folgen etliche Landschafts- und Stadtplanungsprojekte. Zu diesem Zweck gründen die beiden die Greater Sydney Development Association (GSDA). Ihrem Gestaltungsprinzip der sozialen, demokratischen Stadt bleibt sie auch in ihren Projekten im hohen Alter in Chicago treu. Marion Mahony Griffin ist Mitglied diverser feministischer Reformverbände und gilt bis heute als Wegbereiterin für die Emanzipation von Frauen in technischen Berufen.

MASTERPLAN CANBERRA AUS

1901 schlossen sich sechs britische Kolonien zum Australischen Bund zusammen. Nachdem zwischen Sydney und Melbourne ein Streit um den Hauptstadt-Status entbrannt war, beschloss die Regierung, am Reißbrett eine neue Hauptstadt namens Canberra zu planen. 1911 wurde ein internationaler Wettbewerb ausgeschrieben, an dem 137 Büros teilnahmen. Am 23. Mai 1912 wurde Walter Burley Griffins Gartenstadtprojekt – denn offiziell scheint auf den Einreichunterlagen nur sein Name auf – zum Sieger erklärt. Zwei Punkte haben die Jury überzeugt: Im Gegensatz zu anderen Entwürfen wurde versucht, die natürliche Landschaft zu erhalten und die Stadtstruktur der Topografie anzupassen. Ausschlaggebend war nicht zuletzt die künstlerische Darstellung der Pläne: Die Perspektiven und Aquarelle von Marion Mahony Griffin ragten aus der Masse an technischen Zeichnungen heraus und zeigten das künftige Canberra aus verschiedenen Blickwinkeln. Damit revolutionierte sie die Planung und Darstellung von urbanen Gefügen.

Yasmeen Lari

„Die engen Fußgängerzonen sind vielseitig einsetzbar – als Flaniermeile, Kinderspielplatz, Gemüsemarkt, Ort der Geselligkeit oder einfach nur, um hier auf den Charpoys zu liegen und ein Nickerchen am Nachmittag zu machen."

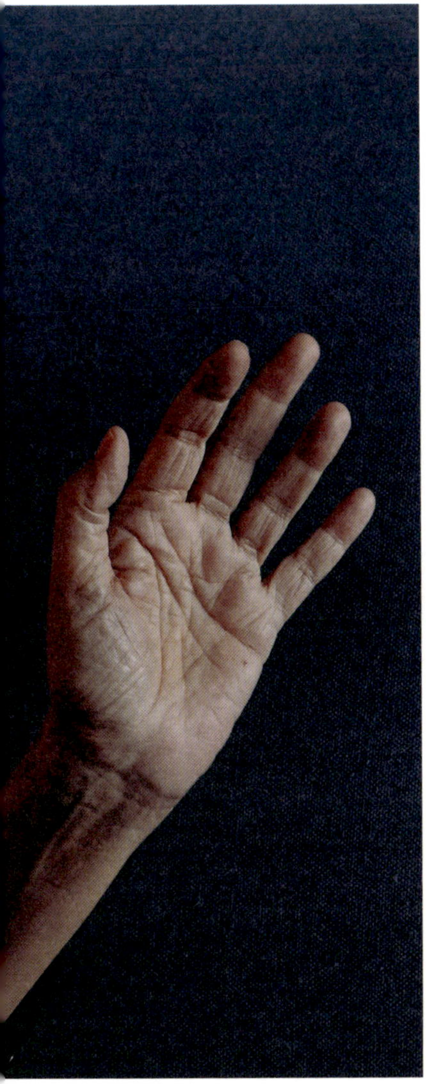

Yasmeen Lari

○ 1940 in Dera Ghazi Khan PAK
Architekturstudium in Oxford GBR
Projekte: Wohnbau, Bürogebäude, Masterplanungen für den Wiederaufbau nach Naturkatastrophen

ZUR PERSON

Yasmeen Lari wächst in Pakistan in privilegierten Verhältnissen auf. Ihr Vater ist im damals noch britisch regierten Pakistan im öffentlichen Dienst tätig, ihre Mutter ist Hausfrau und Jägerin. Als Pakistan 1947 seine Unabhängigkeit erlangt, übernimmt ihr Vater als Ziviltechniker Stadtplanungsprojekte in Lahore im Osten des Landes. Seine berufliche Tätigkeit sollte ihre Ausbildung prägen: Mit nur 15 Jahren wandert Yasmeen Lari nach Großbritannien aus, wo sie am Northern Polytechnic Institute in London und anschließend an der Oxford School of Architecture studiert. Nach dem Studium kehrt sie nach Pakistan zurück, um sich am Aufbau der noch jungen Republik zu beteiligen. 1964 gründet sie in Karatschi das Architekturbüro Lari Associates und gilt damit als erste weibliche Architekturschaffende Pakistans. Lange Zeit ist sie als Beraterin für die Unesco tätig. 1983 wird sie Vorsitzende des Pakistan Council of Architects and Town Planners (PCATP), seit 2018 ist sie Vorsitzende der pakistanischen Niederlassung des International Network for Traditional Building, Architecture & Urbanism (INTBAU). Heute gilt sie als Vertreterin der „Barefoot Architecture" – einer Architektur für die Ärmsten der Armen.

ZUR ARBEIT

Am Beginn ihrer beruflichen Laufbahn plant Yasmeen Lari die Wohnsiedlung Angoori Bagh in Lahore. Das Projekt macht sie auf einen Schlag bekannt. In der Folge erhält sie zahlreiche Aufträge von der öffentlichen Hand sowie von internationalen Konzernen und wohlhabenden Privatbauherren. In dieser Zeit entstehen das Finance and Trade Center, das Pakistan State Oil House und die Zentrale der niederländischen ABN Amro Bank. Seit ihrer Pensionierung im Jahr 2000 macht sich Yasmeen Lari für die Ärmsten der Ärmsten stark: Gemeinsam mit ihrem Mann Suhail Zaheer Lari gründet sie die Heritage Foundation of Pakistan und widmet sich fortan Barefoot-Projekten in Krisenregionen. Nach dem Erdbeben 2005 übersiedelt sie in den Norden des Landes, wo sie sich am Wiederaufbau beteiligt. 2010, nach den großen Überschwemmungen des Indus, erstellt sie Masterpläne und Bauanweisungen für mehrere Zehntausende Wohnhäuser aus lokalen Materialien wie Bambus, Ziegel und Lehm. Dieses Fachwissen wird als Open-Source für jedermann und jedefrau zur Verfügung gestellt – in Form von YouTube-Tutorials, die aktuell in mehrere asiatische und afrikanische Sprachen übersetzt werden.

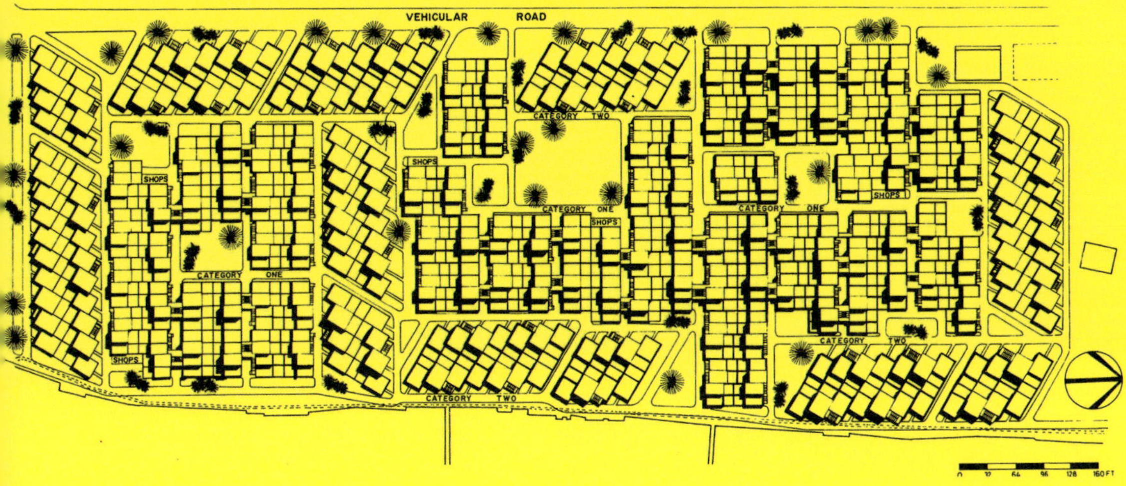

WOHNSIEDLUNG ANGOORI BAGH, LAHORE PAK

1973 erhält Yasmeen Lari den Auftrag für eine soziale Wohnsiedlung in Lahore. Während im modernen Pakistan zu dieser Zeit vor allem Plattenbauten und Wohnhochhäuser entstehen, schockiert sie ihre Auftraggeber, indem sie vorschlägt, eine verdichtete, dreigeschossige Stadtsiedlung zu errichten – mit überdachten Balkonen, offenen Stiegenhäusern und einigen großzügig zelebrierten Dorfplätzen. Sie erhält den Zuschlag und beschließt, das Geld nicht in teure Fassaden und perfekte Materialien zu investieren, sondern in die Ausstattung der insgesamt 787 Wohnungen und die technische Infrastruktur. Der ungewöhnliche Masterplan, der sich an der Bautradition Pakistans orientiert, hat einen immensen Vorteil: Durch die engen Gassen und die großflächigen Verschattungen entsteht innerhalb der Wohnsiedlung ein angenehmes, deutlich kühleres Mikroklima. Zudem konnten alle Häuser ohne internationale Fachkräfte – mit ausschließlich lokalen Handwerkern – errichtet werden. Damit ist der Masterplan Angoori Bagh, der auch für den Aga-Khan-Preis nominiert war, ein früher Wegbereiter für sozial und kulturell nachhaltige Wohnsiedlungen und ressourcenschonende Low-Cost-Konzepte im städtischen und ländlichen Raum.

Helle Søholt

„Wir wollen nicht die Autos aus der Stadt verbannen. Aber wir wollen sie reduzieren. Es wäre doch fabelhaft, wenn die Straße wieder den Menschen gehört – all denen, die hier gehen, laufen, spielen, sitzen und liegen wollen."

Helle Søholt

○ 1972 Hørsholn DEN
Architekturstudium in Kopenhagen DEN und Seattle USA
Projekte: Masterplanung, Stadterweiterung, Verkehrsstrategien, Radwegkonzepte und Fußgängerzonen in aller Welt

ZUR PERSON

Helle Søholt wächst in Hørsholn, einer ländlichen Region am Øresund, auf. Die Ausflüge ins 30 Minuten entfernte Kopenhagen empfindet sie als abenteuerliche Reise in die Großstadt. Schon als Kind beschließt die passionierte Zeichnerin daher, Architektin zu werden, und nimmt mit 14 Jahren ihre ersten Ferialjob in einem Architekturbüro an. Nach einer zweijährigen Auszeit in London GBR inskribiert sie Architektur an der Royal Academy of Fine Arts in Kopenhagen sowie an der University of Washington in Seattle und belegt anschließend einen Masterlehrgang für Management Development an der Copenhagen Business School. 1999 gründet sie gemeinsam mit ihrem Mentor und früheren Universitätsprofessor Jan Gehl das Stadtplanungsbüro Gehl People. Heute ist sie dessen Geschäftsführerin und leitet ein Team mit 75 Mitarbeitern und Mitarbeiterinnen in Kopenhagen, New York City USA und San Francisco USA. Ihr großes Interesse gilt der Planung und Entwicklung von stadtplanerischen, verkehrstechnischen und infrastrukturellen Strategien für Städte und Gemeinden.

ZUR ARBEIT

Stadt, sagt Helle Søholt, sei der größte gemeinsame Nenner vieler verschiedener Ethnien, Charaktere und Biografien, die in einem sowohl gebauten als auch sozialen, kulturellen, politischen Raum aufeinandertreffen. Neben klassischen Masterplänen für Stadterweiterungs- und Stadtverdichtungsgebiete versteht sich Gehl People vor allem als urbanes Beratungsunternehmen für öffentliche Auftraggeber. Gemeinsam mit Fachplanern und internationalen Partnerinnen aus der Stadtforschung und Stadtverwaltung entwickelt Gehl People seit 20 Jahren Konzepte für ein nachhaltiges Zusammenleben – darunter etwa Radwegnetze für China, Russland und die USA oder Reparaturstrategien für in die Jahre gekommene Business- und Industriestädte. In London, Melbourne AUS, Buenos Aires ARG und Schanghai CHN beispielsweise arbeitet Gehl People derzeit daran, die Straßen und Stadtviertel so umzuplanen und zu begrünen, dass die Luftqualität steigt und die Menschen wieder mehr Ansporn verspüren, sich zu Fuß durch die Stadt zu bewegen.

SHANGHAI RIVERFRONT CHN

Mit dem zunehmenden Kolonialhandel Ende des 19. Jahrhunderts entwickelte sich der Bund im Zentrum von Schanghai zu den wichtigsten und bekanntesten Flusspromenaden der Welt. Doch jenseits der Innenstadt blieben die beiden Flussufer die längste Zeit unberücksichtigt und ungenutzt. Mit dem Masterplan durch Gehl People hat sich das geändert. Auf einer Gesamtlänge von 42 Kilometern wurden seit 2014 Tausende Bäume gepflanzt, 22 Brücken errichtet, beleuchtete Rad- und Spazierwege angelegt sowie alte Schuppen und Lagerhallen aus dem Dornröschenschlaf gerissen und mit Lokalen, Geschäften und Radverleih-Shops bestückt. Nun wurde das in Zusammenarbeit mit dem China Sustainable Transportation Center (CSTC) realisierte Projekt, das zugleich als Hochwasserschutz für die Megametropole dient, evaluiert. Fazit: Von den insgesamt 4,8 Millionen Einwohnerinnen und Einwohnern, die in einer Gehdistanz von bis zu 15 Minuten vom Pudong entfernt leben, nutzen 78 Prozent die neue Riverfront regelmäßig als Laufstrecke, Mobilitätsweg und Naherholungsraum – mehr als die Hälfte davon sind Frauen.

Der Weg ist das Ziel

Verkehrsbauten in unseren Städten

Das Zusammenleben in Städten zeichnet sich dadurch aus, dass wir ständig in Bewegung sind, ständig auf dem Weg von A nach B nach C. Ein vielfältiges, multimodales Mobilitätsangebot ist für eine moderne Stadt daher unentbehrlich.

Doch Verkehrsinfrastruktur hat nicht immer nur mit Schnelligkeit und Effizienz zu tun. Manchmal kann die Bewegung durch die Stadt – ob zu Fuß, im Auto oder in einer unterirdischen Bahn – auch schön sein und zelebriert werden. Viele Frauen haben diese Ingenieursleistungen vorangetrieben und unsere Städte bereichert.

→

Emily Warren Roebling

„Ich habe mehr Verstand, Hausverstand und Sachkenntnis als zwei beliebige Ingenieure – egal, ob sie sich Zivilingenieure nennen oder sich wenigstens zivilisiert verhalten. Und ohne mich wäre die Brooklyn Bridge niemals mit dem Namen Roebling verknüpft worden.“

Emily Warren Roebling

○ 1843 in Cold Spring USA
● 1905 in Trenton USA
Studium von Algebra, Geschichte und Astronomie in Washington USA
Projekt: Technische Leitung und Fertigstellung der Brooklyn Bridge, New York City USA

ZUR PERSON

Emily Warren Roebling wächst in Upstate New York unter prekären Umständen auf. Sie schafft es trotzdem, ein Studium zu finanzieren, und zählt damit zu den wenigen Frauen, die bereits in den 1860er-Jahren an der renommierten Georgetown Visitation Academy in Washington, D.C., im Hörsaal sitzen. Mitten im Bürgerkrieg lernt sie ihren späteren Mann, Washington Augustus Roebling, kennen – den Sohn des Zivilingenieurs John Roebling, der zu dieser Zeit atemberaubende Pläne für die Brooklyn Bridge schmiedet, die „greatest bridge in existence". Sie steigt ins Projekt ein und übernimmt schon bald die technische Leitung. Nach Eröffnung der Brücke 1883 macht sie sich für die Rechte der Frauen stark und kämpft fortan gegen deren Diskriminierung in den USA. Sie reist viel und trifft im Zuge ihrer Arbeit die britische Queen Victoria sowie den russischen Zar Nikolaus II. Im Jahr 1899 schließt sie an der New York University ihr Jurastudium ab. Dieser ungewöhnlichen und frühen Frauenkarriere widmet die Historikerin Marilyn Weigold 2019 ihre Biografie *Silent Builder* (*Die stille Baumeisterin*).

ZUR ARBEIT

Beziehung und Arbeit fließen bei Emily und ihrem Mann nahtlos ineinander über. Bald nach ihrer Hochzeit brechen die beiden nach Europa auf, um dort die Unterwasser-Bautechnik mit Senkkästen, sogenannten Caissons, zu studieren. Durch eine Verkettung von Schicksalsschlägen – erst stirbt ihr Schwiegervater an Tuberkolose, dann erkrankt ihr Mann durch die permanente Arbeit unter Wasser an der Dekompressionskrankheit und wird blind, taub, stumm und halbseitig gelähmt – muss Emily Warren Roebling in die Bresche springen und den Bau der Brooklyn Bridge vorantreiben. Zunächst arbeitet sie als Sekretärin ihres Mannes und kümmert sich um die Kommunikation und Koordination zwischen Krankenbett und Baustelle. Mit den Jahren übernimmt sie die Beauftragungen und Verhandlungsgespräche mit den Baufirmen sowie die gesamte technische Leitung – und wird schließlich Chef-Ingenieurin. Sie ist die erste Frau, die in die American Society of Civil Engineers aufgenommen wird – wenn auch nicht als ordentliches Mitglied.

BROOKLYN BRIDGE, NEW YORK CITY USA

Die Brooklyn Bridge stellt in mehrfacher Hinsicht viele Rekorde auf. Nicht nur handelt es sich mit 1.834 Metern um die damals längste Hängebrücke der Welt, auch der Bau der Fundamente mithilfe von Caissons, die Baumeisterarbeiten unter Wasser ermöglichen, erfolgt in so großer Wassertiefe wie noch nie zuvor – eine technische Premiere. Am 24. Mai 1883, nach 14 Jahren Bauzeit, wird die Brücke feierlich eröffnet. Bei der Eröffnungsrede hebt der Abgeordnete Abram S. Hewitt die Rolle der Baumeisterin hervor: „Der Name Emily Warren Roebling wird untrennbar mit alledem verbunden sein, was in der menschlichen Natur und in der Welt der konstruktiven Kunst bewundernswert ist." Mit ihren 42 Meter hohen Granittürmen, ihren 40 Zentimeter dicken Stahlkabeln und ihrer eleganten Bauform wird die Brooklyn Bridge schon bald zu einer weltweit bekannten Sehenswürdigkeit – und gilt bis heute als Ikone für Kunst, Urbanismus und Bauingenieurwesen in der Hochblüte des Industriezeitalters.

Zaha Hadid

„Meine Bauten versprechen Optimismus. Ich glaube jedenfalls daran, dass ich in der Architektur etwas ausdrücken kann, von dem wir noch nicht ahnen, dass es möglich ist – eine Ordnung der Dinge, ein anderer Blick auf die Welt."

Zaha Hadid

○ 31. Oktober 1950 in Bagdad IRQ

● 31. März 2016 in Miami USA

Studium in Beirut LBN und London GBR, beruflicher Werdegang in Großbritannien, Lehrtätigkeit

Projekte: Museen, Opernhäuser, Verkehrs- und Infrastrukturbauten, urbane Revitalisierung, Masterplanung

ZUR PERSON

Zaha Hadid wächst in Bagdad in einem vom Bauhaus beeinflussten Wohngebäude auf und entwirft als Achtjährige die Möbel für ihr eigenes Kinderzimmer. Sie studiert Mathematik an der American University of Beirut und Architektur an der Architectural Association School (AA) in London. Nach dem Studium unterrichtet sie an der AA, baut sich allmählich ein Netzwerk an Fans und Anhängern auf, die sich lange Zeit später als wichtige Bauherren und Auftraggeberinnen erweisen werden, und gründet 1980 ihr eigenes Architekturbüro. Die expressiven Collagen und Architekturzeichnungen der frühen Jahre, mit deren Verkauf sie ihre ersten Berufsjahre finanziert, geben einen formalen Vorgeschmack auf ihr späteres Schaffen. 1988 wird sie, noch ohne je ein Bauwerk realisiert zu haben, in der Ausstellung *Deconstructivist Architecture* am New Yorker Museum of Modern Art (MoMA) USA porträtiert. 2004 wird sie als erste Frau mit dem renommierten Pritzker-Preis ausgezeichnet. Mit ihrem enormen wirtschaftlichen und baukulturellen Erfolg wird sie zum Vorbild für viele Architektinnen.

ZUR ARBEIT

Mit ihren Bauten und städtebaulichen Projekten stellt Zaha Hadid die Konventionen des Bauens infrage und prägt auf diese Weise die zeitgenössische Architektur des späten 20. Jahrhunderts wie keine andere. Dabei hat die Avantgardistin zu Beginn mit großem Widerstand zu kämpfen, denn die Abkehr vom rechten Winkel und die von ihr geplanten „fluiden" und „kinetischen" Formen werden oft als unbaubar kritisiert. Unter ihren ersten Projekten finden sich eine Feuerwehrstation sowie die Skisprungschanze am Bergisel in Innsbruck[AUT]. Ab 2000 plant sie zahlreiche Museen, Brücken und Hochhäuser in Europa, in China, in den USA und den Vereinigten Arabischen Emiraten, die schon bald zu Wahrzeichen und Sehenswürdigkeiten werden. Nach Hadids Tod setzt das Büro nach wie vor Projekte im urbanen Ausmaß um – darunter etwa den neuen Pekinger Flughafen sowie Masterpläne für Bilbao[ESP], Tallinn[EST] und Nicosia[CYP].

HUNGERBURGBAHN, INNSBRUCK[AUT]

Die 1906 eröffnete Hungerburgbahn war fast hundert Jahre lang in Betrieb und wurde 2005 eingestellt. Zaha Hadids Pläne für die neue Hungerburgbahn umfassten nicht nur eine veränderte Streckenführung, sondern auch eine Verlängerung um einen Kilometer bis zum Congress. Damit wurden die unter Innsbruckern und Touristinnen gleichermaßen beliebten Ausflugsziele Hungerburg und Nordkette nun direkt an die historische Innenstadt angebunden. Als Vorbild für die ikonografischen Haltestellen aus Sichtbeton und dreidimensional verformten, weiß beschichteten Glasplatten dienten die alpinen Gletscher: Wie amorphe Skulpturen stehen die eisigen Zitate im Stadtraum, wobei jede einzelne der insgesamt vier Stationen einen eigenständigen öffentlichen Raum definiert. Selbst 13 Jahre nach Inbetriebnahme gilt die Hungerburgbahn als innovatives Beispiel für eine urbane und öffentliche Verkehrsinfrastruktur.

Leila Araghian

„Das Geheimnis dieser Brücke ist, dass es unzählige Möglichkeiten gibt, von einem Ende zum anderen zu gelangen. Es ist schön zu sehen, wie die Menschen den Ort genießen."

Leila Araghian

○ 1983 in Teheran [IRN]

Studium im Iran, in Kanada und in Deutschland, beruflicher Werdegang im Iran

Projekte: Öffentliche Plätze, Verkehrsbauten, Freizeiteinrichtungen, Membranstrukturen

ZUR PERSON

Leila Araghian studiert Architektur an der Shahid Beheshti University in Teheran, an der Hochschule Anhalt [GER] sowie an der University of British Columbia in Vancouver [CAN]. Im Alter von nur 22 Jahren gründet sie gemeinsam mit ihrem Partner Alireza Behzadi das Büro Diba Tensile Architecture, das sich auf die Planung und Errichtung von ingenieurmäßigen Konstruktionen im öffentlichen Raum spezialisiert. Für die Tabiat-Fußgängerbrücke in Teheran wird sie mit zahlreichen Preisen ausgezeichnet – darunter mit dem Architizer A+ Award 2015 und dem renommierten Aga Khan Award 2016. Obwohl sie mit ihren jüngsten Projekten weltweite Bekanntheit erlangt hat, leidet die Architektin unter der politischen Situation im Iran: Aufgrund der Sanktionen gegen das Land wurde ihr beispielsweise die Teilnahme am britischen World Architecture Festival verwehrt, was international zu Unmut und Protesten führte.

ZUR ARBEIT

Aufgrund des heißen Klimas zeichnet sich die persische Architektur von jeher durch eine beeindruckende, kreative Verschattungskultur aus. Dies zeigt sich nicht nur in den Vorhöfen und Arkadengängen von Moscheen und Palästen, sondern auch in den überdachten Ziegelbrücken aus dem 17. Jahrhundert, die etwa die historische Altstadt von Isfahan [IRN] prägen. Auf genau dieser Tradition baut Leila Araghians Konzept auf: Sie beschäftigt sich in erster Linie mit der Produktion und Errichtung von Leichtbau-Zeltkonstruktionen. Mit den gespannten Kunststoff-Segeln, die in einer ähnlichen Form im Olympiapark in München [GER] sowie am Urban-Loritz-Platz in Wien [AUT] zu sehen sind, können aufgrund des geringen Gewichts große Spannweiten überwunden werden. Bislang sind auf diese Weise überdachte Plätze, Märkte und Amphitheater entstanden. Die Leichtigkeit, Eleganz und mathematische Präzision ihrer Konstruktionen und Membrandächer zeigen eine neue, moderne Facette des Iran.

TABIAT BRIDGE, TEHERAN IRN

Die 270 Meter lange Fußgängerbrücke in Abbas Abad im Norden Teherans überspannt nicht nur eine Autobahn, sondern verbindet zugleich zwei öffentliche Parkanlagen miteinander. Dank dem dreidimensionalen, organisch geformten Stahlfachwerk konnte die Lastabtragung auf drei baumartige, sich verästelnde Pfeiler reduziert werden. Auf verschiedenen Ebenen und Vorsprüngen mit teils sonnigen, teils schattigen Holzdecks entsteht ein neuer Stadtraum zum Gehen, Stehen, Sitzen. An der breitesten Stelle der Brücke wurde sogar ein Open-Air-Café mit Bar und Gastgarten eingerichtet. Leila Araghians Vision, nicht nur eine Verbindung, sondern selbst schon einen öffentlichen Freiraum mit Verweilqualitäten zu schaffen, ist Wirklichkeit geworden. Allein im ersten Jahr wurden rund vier Millionen Besucherinnen gezählt. Die vielfach ausgezeichnete Tabiat Bridge ist ein urbanes Beispiel dafür, wie leicht und schön der Weg zum Ziel werden kann.

Platz schaffen

Öffentlicher Freiraum für alle

Plätze sind die öffentlichen Wohnzimmer einer Stadt. Hier kreuzen sich Menschen- und Verkehrsströme: Hier trifft man sich, hier kommt man ins Gespräch, hier setzt frau sich auf eine Bank und beobachtet das urbane Geschehen.

In den letzten Jahren haben sich die Ansprüche an öffentliche Plätze massiv verändert: Autos werden mehr und mehr zurückgedrängt, die Bühne ist nun wieder frei für Menschen und ihre Bedürfnisse. Manchmal werden dabei sogar vergessene, vernachlässigte Zwischenräume wieder wachgeküsst. Häufig kommt die Initiative von Frauen.

→

Genia Awerbuch

„Einen urbanen Platz als vollkommenen Kreis zu gestalten, in dem sich alle Linien horizontal vereinigen – das ist eine feminine Herangehensweise der Stadtpolitik.“

Sharon Golan Yaron, israelische Architektin und Denkmalpflegerin

← Chronologie eines Platzes. Im Uhrzeigersinn: Zina-Dizengoff-
↓ Platz nach Plänen von Genia Awerbuch, fotografiert 1938. Umbau und Zerstörung des Platzes mit einer Fußgängerbrücke als bauliche Barriere, fotografiert 2010. Wiederherstellung und Rückführung in den ursprünglichen Zustand, fotografiert 2020.

Genia Awerbuch

○ 1909 in Smila UKR (vormals Russisches Kaiserreich)

● 1977 in Tel Aviv ISR

Architekturstudium in Israel, Italien und Belgien

Projekte: Wohnbauten, Jugenddörfer, Schulen, Synagogen, öffentlicher Raum

ZUR PERSON

Genia Awerbuch wird im Russischen Kaiserreich geboren und wandert mit ihrer Familie im Alter von zwei Jahren nach Palästina aus. Sie wächst in Tel Aviv auf, studiert Architektur am Technikum in Haifa ISR und setzt ihr Studium schließlich in Rom ITA, Gent BEL und Brüssel BEL fort. Ihre erste Anstellung hat sie bei ihrem späteren Mann Schlomo Ginsburg. Kurz darauf trennt sie sich von ihm und gründet ihr eigenes Architekturbüro. Im Gegensatz zu Europa sind Frauen in beruflichen Führungspositionen in der zionistischen Kultur keine Seltenheit. Im Alter von nur 25 Jahren nimmt sie 1934 am Wettbewerb zur Gestaltung des Zina-Dizengoff-Platzes in Tel Aviv teil. Ihr siegreicher Entwurf katapultiert sie zu internationaler Bekanntheit und wird zum Vorbild und Symbol einer Neuen Sachlichkeit, die dem aufstrebenden Tel Aviv später den Beinamen „Weiße Stadt" geben wird. Von 1942 bis 1945 arbeitet Genia Awerbuch kurzzeitig in der technischen Abteilung der Tel Aviver Stadtverwaltung. Dem Beruf als Architektin und Stadtplanerin bleibt sie bis zu ihrem Ruhestand treu.

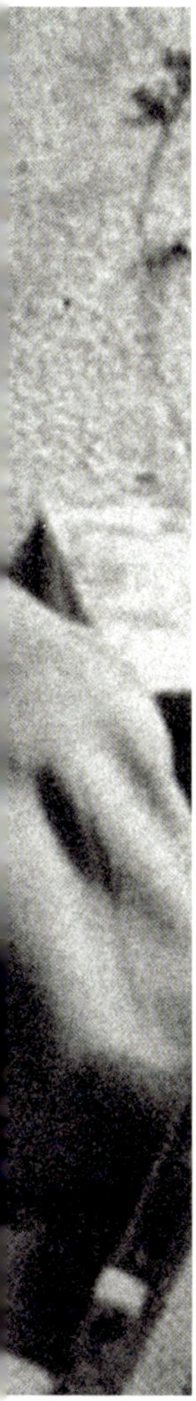

ZUR ARBEIT

Das Architekturstudium in Europa, die internationale Moderne und nicht zuletzt die intensive Auseinandersetzung mit Le Corbusier, Erich Mendelsohn und Frank Lloyd Wright prägen Genia Awerbuchs Handschrift. Ihr minimalistischer Stil aus horizontalen Linien, abgerundeten Ecken und tiefen Balkonschichten, die für Luftbewegung und Verschattung sorgen, macht sich nicht nur in der Gestaltung des Dizengoff-Platzes bemerkbar. Die hier entwickelte Architektursprache wird zum Charakteristikum ihrer Wohnhäuser, Bürobauten und Kibbuz-Jugenddörfer sowie der beiden Synagogen, die sie am Ende ihrer Karriere plant. Außerdem baut sie 1940 das Haus der Pionierinnen in Jerusalem, das in der Fachliteratur ausführlich diskutiert wird. Bemerkenswert ist Genia Awerbuchs Einfluss und Vorbildwirkung auf das spätere Erscheinungsbild Tel Avivs und den Internationalen Stil der israelischen Moderne – und das, obwohl der Großteil von Awerbuchs Archivmaterial im Laufe der Jahrzehnte verloren gegangen ist.

ZINA-DIZENGOFF-PLATZ, TEL AVIV ISR

Mit seinen 66 Metern Durchmesser markiert der Dizengoff-Platz eine Art geografischen und emotionalen Mittelpunkt in der Stadt. Genia Awerbuchs Entwurf, der sich mit hoher Wahrscheinlichkeit an einem niemals realisierten Entwurf für den neuen Alexanderplatz in Berlin orientiert, umfasst nicht nur die Platzgestaltung mit Kreisverkehr, Rasenflächen und Springbrunnen, sondern auch die Masterplanung für die umliegenden Wohn- und Geschäftshäuser. 1978, nur ein Jahr nach Awerbuchs Tod, wird der Platz aufgrund des zunehmenden Autoverkehrs komplett verändert und zu einem komplexen Straßenknoten mit darüber schwebenden Fußgängerstegen umgebaut. Von Anfang an stößt der brutale Umbau in der Bevölkerung auf Widerstand. 2016 beschließt die Stadtverwaltung daher, aus den Fehlern der Automobil-Euphorie zu lernen und den Platz in seinen ursprünglichen Zustand rückzubauen. Der 2018 wiedereröffnete Dizengoff-Platz ist eines der wenigen Beispiele in der Geschichte des Städtebaus, wo ein bis zur Unkenntlichkeit veränderter und in seiner Idee vollkommen zerstörter Platz wieder in seiner alten Pracht rekonstruiert wurde.

Kazuyo Sejima

„Architektur und urbane Räume als Treffpunkt für Menschen – eigentlich sollte das selbstverständlich sein. Leider ist das oft nicht der Fall.“

Kazuyo Sejima

○ 1956 in Hitachi JPN
Architekturstudium in Tokio JPN
Projekte: Wohnbau, Museen und Bildungsbauten in Japan, Europa und den USA

ZUR PERSON

In ihrer Kindheit hat Kazuyo Sejima einen Traumberuf: Sie will Großmutter werden und auf der Veranda sitzen. Nach der Schule beschließt sie, die Veranda ihres Hauses selbst zu entwerfen. Nachdem sie an den beiden großen staatlichen Architekturfakultäten in Tokio bei den Aufnahmeprüfungen durchfällt, inskribiert sie stattdessen Architektur an der privaten Frauenuniversität Nihon Joshi Daigaku. Bereits während ihres Studiums arbeitet sie einige Jahre im Architekturbüro von Toyo Ito. 1987 macht sie sich selbstständig und gründet schließlich 1995 gemeinsam mit ihrem Partner Ryue Nishizawa das Architekturbüro SANAA. Weltweite Bekanntheit erlangen die beiden vor allem mit ihren markanten Museen und Hochschulbauten in Europa und in den USA. Für ihre „grazilen und kraftvollen" sowie „klaren und fließenden" Entwürfe wird SANAA 2010 mit dem renommierten Pritzker-Preis ausgezeichnet. Als erste Frau der Geschichte wird Kazuyo Sejima im selben Jahr zur Direktorin für die Architektur-Biennale in Venedig ITA ernannt. Von 2015 bis 2019 war sie Professorin an der Universität für angewandte Kunst Wien AUT.

ZUR ARBEIT

Zu Kazuyo Sejimas bekanntesten Projekten zählen das New Museum in New York USA, das Musée du Louvre in Lens FRA und das Sumida Hokusai Museum in Tokio. Die wichtigsten Elemente in ihrer Arbeit sind Licht, Offenheit und der Umgang mit japanischer Bautradition. Ähnlich zurückhaltend sind auch ihre Ansätze im öffentlichen Raum: Ihre Pavillons und Platzgestaltungen geben niemals konkrete Nutzungen vor, sondern verstehen sich als urbane Bühne für Möglichkeiten – ob das nun der Serpentine Pavillon im Londoner Hyde Park GBR, die Grace Farms in New Canaan USA oder das dezentral organisierte Galerie- und Museumsnetz auf der tsunamizerstörten Insel Inu-Shima JPN sind. Längst ist sie nicht nur Gestalterin von Häusern und Städten, sondern auch von öffentlichen Räumen in Bewegung: Für den japanischen Zugbetreiber Seibu Railway entwirft sie 2019 den Pendlerzug *Laview* mit riesigen Panoramafenstern bis zum Boden. Mit ihrem radikalen Minimalismus prägt Kazuyo Sejima weltweit eine ganze Generation neuer Architektinnen und Stadtplanerinnen.

ROLEX LEARNING CENTER, LAUSANNE SUI

„Wir wollten darüber nachdenken, wie ein moderner und zeitgemäßer Universitätscampus des 21. Jahrhunderts aussehen kann", sagt Kazuyo Sejima. Für die École Polytechnique Fédérale de Lausanne (EPFL) entwirft SANAA 2010 das Rolex Learning Center mit Bibliothek, Kantine, Café, Medienlabor sowie flexibel nutzbaren Bereichen zum selbstständigen Lernen. Das 160 mal 120 Meter große Gebäude liegt wie eine weiche, perforierte Betonplatte am südlichen Rande des Uni-Campus. Als hätte man die Konstruktion an ein paar Stellen mit unsichtbaren Schnüren nach oben gezogen, entstehen immer wieder scheinbar schwerelose Wölbungen, die die topografische Studienlandschaft mit Treppen und Rampen zonieren. Während im Inneren des 20.000 Quadratmeter großen Hauses die Studierenden auf weichen Teppichhügeln auf- und abwandern, entsteht unter dem Gebäude ein atemberaubender öffentlicher Platz mit Schutz vor Wind und Wetter. Das Rolex Learning Center ist täglich von sieben Uhr in der Früh bis Mitternacht öffentlich zugänglich.

Silja Tillner

„Ich will den öffentlichen Raum für alle Menschen fair verteilen. Um den Flächenverbrauch zu minimieren, arbeitete ich mit bebauten und bereits erschlossenen Grundstücken.“

Silja Tillner

○ 1960 in Wien AUT

Architekturstudium in Wien, Urban-Design-Studium an der UCLA in Los Angeles USA

Projekte: Masterplanungen, Verkehrskonzepte, Brown Fields, Mixed-Use-Buildings und Revitalisierung vergessener Stadträume

ZUR PERSON

Silja Tillner wächst in einer ökologiebewussten Familie samt Gemüsegarten und Nutztieren auf. Seit ihrer Jugend macht sie sich für die Natur stark – als 16-Jährige, indem sie sich der Anti-Zwentendorf-Bewegung anschließt, und als Erwachsene, indem sie die Werte und Zwänge heutiger Stadtplanung hinterfragt und alternative, menschenwürdigere Stadt- und Mobilitätsmodelle entwickelt. Nach ihrem Architekturstudium an der Akademie der bildenden Künste in Wien geht sie mit einem Fulbright-Stipendium an die UCLA in Los Angeles, wo sie Stadtplanung und Städtebau studiert und die für L.A. typischen „Spaces in-between" erforscht. Danach arbeitet sie einige Jahre für die Community Redevelopment Agency (CRA) und betreut Stadtplanungsprojekte zur Revitalisierung von Downtown L.A. Seit 1995 lebt sie als Architektin und Urbanistin wieder in Wien und leitet mit ihrem Partner Alfred Willinger das Architekturbüro Tillner & Willinger.

ZUR ARBEIT

Silja Tillner fokussiert sich in erster Linie auf vergessene, schwierig gestaltbare Stadträume – etwa öffentliche Plätze, Industriebrachen und vermeintlich unattraktive Restzwickel zwischen Autobahnen und Gleisanlagen. Sie selbst bezeichnet ihr Schaffen als eine Art „Restlkochen", bei dem sie all das verarbeitet und verwertet, was die Verkehrsplaner seit den 1960er-Jahren übrig gelassen haben. Im planerischen Fachjargon wird dafür auch der Begriff „Care and Repair" verwendet. Für ihr erstes großes Projekt – *The End of the Glendale Freeway* in Silver Lake, Kalifornien USA, bei dem sie beabsichtigt, eine Autobahnabfahrt zurückzubauen – erhält sie mit Gruen Associates 1992 den AUIP American Institute of Urban Planning Award. In Wien arbeitet sie neben Wohn- und Stadtquartieren vor allem an zahlreichen Teilprojekten im Bereich des Gürtels. Dazu zählen etwa die Revitalisierung der Stadtbahnbögen, die Skyline Spittelau sowie die Neugestaltung des Urban-Loritz-Platzes. Ein wesentliches Charakteristikum ihrer Projekte ist das Spiel mit Licht, Klimazonen und Verkehrsströmen.

URBAN-LORITZ-PLATZ, WIEN AUT

Als Österreich 1995 der EU beitritt, startet die Stadt Wien die Initiative „Gürtel Plus", mit dem die stadtplanerischen Defizite des sechs Kilometer langen Westgürtels kompensiert werden sollen. Einer der Hot Spots des EU-finanzierten Projekts ist die Neugestaltung des Urban-Loritz-Platzes. Um das heterogene Stadtgefüge inmitten des breiten Gürtels zu fassen, entscheidet sich Silja Tillner, in die dritte Dimension vorzudringen und in die Höhe zu bauen. Auf einer Länge von knapp 140 Metern wird der verkehrstechnisch neu gestaltete Platz hoch oben mit einem weißen Membrandach überspannt. Bibliothek, U-Bahn-Station und Straßenbahnhaltestelle können so trockenen Fußes erreicht werden. Was vor 25 Jahren in erster Linie als Orientierungshilfe und Witterungsschutz gedacht war, wird in der globalen Klimakrise zu einem wertvollen Schattenspender. Und trägt außerdem zum Sicherheitsgefühl der Wienerinnen und Wiener bei: Bei Dunkelheit wird die 2.000 Quadratmeter große Membrankonstruktion indirekt beleuchtet und verwandelt sich dadurch in den größten Lampenschirm der Stadt.

Die Stadt im Haus

Dreidimensionale Stadtlandschaften

Mit der Veränderung von Klima und Gesellschaften steigen auch die Anforderungen an die Architektur. Häuser sind nicht mehr nur private Räume mit Mauern und Dächern, sondern dienen immer öfter auch als dreidimensionale, skulpturale, begehbare Stadträume.

Plötzlich findet man überdachte Erdgeschosse, aufregende Spazierschluchten, Turnsäle in Türmen, Bibliotheken mit Panoramaausblick und begehbare Dachlandschaften – allesamt spannende Räume, in denen die klassischen Grenzen zwischen innen und außen, zwischen privat und öffentlich neu verhandelt werden.

→

Lina Bo Bardi

„Architektur und architektonische Gestaltungsfreiheit sind vor allem soziale Themen, die innerhalb einer politischen Struktur betrachtet werden müssen, und nicht von außerhalb."

Lina Bo Bardi

○ 1914 in Rom ITA

● 1992 in São Paulo BRA

Architekturstudium und beruflicher Werdegang in Italien und Brasilien Projekte: Wohnhäuser, Kirchen, Kultur- und Sportstättenbau, Sanierung des historischen Stadtzentrums von Salvador da Bahia BRA

ZUR PERSON

Lina Bo Bardi wird in Rom geboren und schließt ihr Architekturstudium mit dem Entwurf für ein Geburtshaus für unverheiratete Mütter ab. Ihre ersten Berufsjahre absolviert sie bei Gio Ponti in Mailand ITA im Bereich Möbeldesign und Stadtplanung. Aufgrund der schlechten Auftragslage im Zweiten Weltkrieg arbeitet sie als Grafikerin und Journalistin und übernimmt 1943 die Chefredaktion der Architekturzeitschrift *Domus*, die bis heute zu den führenden internationalen Fachmedien zählt. 1946 wandert sie mit ihrem Mann, einem Journalisten und Kunstkritiker, nach Brasilien aus. Mit dem Bau der neuen Hauptstadt Brasília von 1956 bis in die späten Siebzigerjahre erlebt das Land einen baukulturellen Aufschwung, sodass Lina Bo Bardi ihren Beruf wieder aufgreifen kann. Bis kurz vor ihrem Tod 1992 ist sie als Architektin und Stadtplanerin im ganzen Land tätig.

ZUR ARBEIT

Lina Bo Bardis Œuvre erstreckt sich über ein halbes Jahrhundert. Zu ihren berühmtesten Projekten zählen das Kultur- und Sportzentrum Fábrica da Pompéia und das MASP Museum für Moderne Kunst in São Paulo, wo sie unter dem Gebäude einen überdachten Platz schuf, der von der Bevölkerung bis heute als schattiger öffentlicher Freiraum genutzt wird. Zunehmend widmet sich Dona Lisa, wie sie von ihren Angestellten und Bauarbeitern genannt wird, den Einkommensschwächsten in der Bevölkerung und entwickelt eine „arquitectura pobre“, eine Architektur der Armen. Sie verweigert technische Pläne als Kommunikationsmittel und entwirft die architektonischen Details stets gemeinsam mit den Bauarbeitern vor Ort. 1986 plant sie die Neugestaltung des historischen Stadtzentrums von Salvador da Bahia. Mit Brunnen, Sonnenschirmen und öffentlich benutzbaren Wasserfällen wirkt sie dem tropischen Klima der Stadt entgegen.

KULTUR- UND SPORTZENTRUM SESC POMPÉIA, SÃO PAULO BRA

Die Organisation SESC (Serviço Social da Comércio, Sozialer Handelsdienst) wurde 1946 von der brasilianischen Handelsgewerkschaft gegründet, um ihren Abertausenden Arbeitern und deren Familien medizinische Versorgung sowie kulturelle und sportliche Freizeitangebote zu bieten. Eines von insgesamt 35 SESC-Zentren in São Paulo befindet sich auf dem Areal der ehemaligen Fábrica da Pompéia, die Lina Bo Bardi nach langem Leerstand zwischen 1977 und 1986 zu einem Kultur- und Sportzentrum umbaut. Ein neu geschaffener Betonturm umfasst ein Schwimmbad und mehrere übereinander gestapelte Turnhallen. Über Brücken gelangt man zu den Treppen, Toiletten und Umkleideräumen im Nachbarturm. Die bewusst breit dimensionierten Stege dienen nicht nur als Aussichtsplattform, sondern auch als Begegnungszone für die Sportlerinnen und Turner. Bis heute gilt die SESC Pompéia als Paradebeispiel für gebaute Sozialisation.

Grafton Architects

„Immer mehr Menschen leben in Städten, gleichzeitig werden die natürlichen Räume aus unserem Lebensbereich weggedrängt. Das bedeutet, dass sich – parallel zur natürlichen Geografie eines Landes – zunehmend eine urbane Geografie entwickelt. Architektur ist gebaute Geografie."

Grafton Architects

Yvonne Farrell ○ 1951 in Tullamore IRL
Shelley McNamara ○ 1952 in Lisdoonvarna IRL
Architekturstudium, Professur am University College in Dublin IRL, Vorträge und Lehrtätigkeiten in aller Welt
Projekte: Campus-Bauten für Bildung, Sport und Verwaltung

ZU DEN PERSONEN

Yvonne Farrell und Shelley McNamara studieren Architektur am University College in Dublin und haben bereits kurz nach Abschluss ihres Studiums diverse Lehrtätigkeiten. 1978 gründen sie in der Grafton Street – ganz pragmatisch benannt – ihr eigenes Architekturbüro Grafton. Yvonne Farrell ist zudem Gründungsmitglied der Group 91, die in den Neunzigerjahren für die Revitalisierung des Dubliner Stadtteils Temple Bar verantwortlich zeichnet. Heute zählt Grafton zu den weltweit größten Architekturbüros unter ausschließlich weiblicher Führung. 2018 übernehmen Yvonne Farrell und Shelley McNamara die Leitung der Architektur-Biennale in Venedig[ITA], die sie unter das Motto „Freespace“ stellen. 2020 werden sie – wie auch schon Zaha Hadid und Kazuyo Sejima – mit dem renommierten Pritzker-Preis ausgezeichnet. Einer der Gründe dafür ist, dass Grafton in der Lage ist, selbst große, gigantische Bauwerke mit einer gewissen emotionalen, sozialräumlichen Sensibilität zu meistern.

ZUR ARBEIT

In den ersten Jahren beschäftigt sich Grafton vor allem mit der Planung von Kindergärten, Schulen und Universitätsbauten. Mit der Weltfinanzkrise 2008 jedoch geht die öffentliche Bautätigkeit in Irland stark zurück, und das Büro ist gezwungen, aktiv an internationalen Wettbewerben teilzunehmen. Mit Erfolg: Mit der Fertigstellung der Università Luigi Bocconi in Mailand[ITA] 2008 erlangen Yvonne Farrell und Shelley McNamara auf einen Schlag globale Bekanntheit. In den Folgejahren entstehen viele weitere Bildungsbauten wie etwa die University of Limerick, die Kingston University in London[GBR], die School of Economics in Toulouse[FRA], der Universitätscampus UTEC in Lima[PER] sowie das sich derzeit in Bau befindliche Timberlands Center for Design and Materials Innovation an der University of Arkansas in Fayetteville[USA]. Eine Gemeinsamkeit aller Projekte ist die archaische Wucht und Großmaßstäblichkeit mit weiten, öffentlichen Räumen, die Grafton selbst als „gebaute Geografie“ bezeichnet.

UTEC UNIVERSITY, LIMA[PER]

Beim neuen UTEC-Universitätscampus in Lima kann man den Einfluss von Lina Bo Bardi entdecken, die Yvonne Farrell und Shelley McNamara immer wieder als Vorbild zitieren. Das 2015 fertiggestellte Bauwerk steht nur wenige hundert Meter neben der Küste, an der die Stadt am Pazifik mit einer bis zu 30 Meter hohen, schroffen Felswand abrupt endet. Grafton lässt sich von dieser Dramatik inspirieren und gestaltet den Campus als vertikale, stadträumliche Struktur. Während sich die Straßenseite im Norden als künstliche Klippe mit Theater, Auditorium und Konferenzräumen präsentiert, entfaltet sich die Südwand zu einem kaskadenartigen Garten mit Wegen, Treppen, Rampen, Höhlen und begrünten Flächen. Auf dem Dach, dem höchsten Punkt dieses Terrassengebirges, befindet sich nicht etwa die Chefetage, sondern – basisdemokratisch positioniert – die Universitätsbibliothek mit Blick auf die Stadt. Über einen grünen Gartenkorridor ist der UTEC-Campus fußläufig mit dem Meer verbunden.

Lu Wenyu

„In China verliert man sein eigenständiges Leben, sobald man berühmt ist. Daher gebe ich keine Interviews, weder hier noch im Ausland. Ich bin glücklich, wenn ich Architektur bauen kann, die unsere Städte lebenswerter macht. Nur darüber zu sprechen macht Sinn."

Lu Wenyu

○ 1967 in Schanghai CHN
Architekturstudium in Nanjing CHN
Projekte: Wohnbau, Kulturbauten und Bildungseinrichtungen

ZUR PERSON

Gemeinsam mit ihrer Familie wird Lu Wenyu Ende der Sechzigerjahre umgesiedelt – und muss statt in der Großstadt fortan in der dünn besiedelten Westprovinz Xinjiang CHN aufwachsen. Ihre erste große Reise im Alter von 18 Jahren führt sie zurück nach Ostchina, wo sie am Nanjing Institute of Technology Architektur studiert. Während dieser Zeit lernt sie ihren späteren Mann Wang Shu kennen, mit dem sie 1997 ihr eigenes Architekturbüro gründet: Amateur Architecture Studio. Hinter dem ungewöhnlichen Büronamen verbirgt sich kein Marketing-Gag, sondern eine Haltung der Demut: Als Architekt, als Architektin beginnt man mit jedem neuen Projekt bei null und muss sich als Amateur erst sorgfältig an die neue Aufgabe herantasten. Obwohl Lu Wenyu als weibliche Architektin und Firmengründerin in China eine bekannte Ikone ist, wird der renommierte Pritzker-Preis 2012 lediglich an ihren Mann Wang Shu verliehen. Das Verschweigen ihres Beitrags steht stellvertretend dafür, wie oft weibliche Architektur- und Stadtplanungsarbeit von den Mächtigen der Branche bewusst versteckt wird.

ZUR ARBEIT

Während sich die zeitgenössische chinesische Architektur mehr und mehr einer westlichen Baukultur annähert, entwickeln Lu Wenyu und Wang Shu eine archaisch anmutende Architektursprache, die sich an lokalen Bauweisen und traditionellem chinesischem Handwerk orientiert. Im Zentrum stehen Recycling, Baubiologie sowie der Einsatz von Luft, Wasser und grüner Natur. Mit diesem programmatischen Baukultur-Kanon erschafft das Architektenpaar eine Vielzahl von öffentlichen Bauwerken in ganz China, die nicht nur haptisch und geistig ansprechend sind, sondern auch eine ökologische Alternative zur turbokapitalistischen chinesischen Konsumwelt bieten – mit nachwachsenden Rohstoffen, mit freiräumlichen Qualitäten und in Würdigung des geschichtlichen Erbes. In den meisten ihrer großflächigen Kultur- und Bildungseinrichtungen verschmelzen Natur und Architektur zu einer untrennbaren Einheit. Manchmal kann man dabei sogar ganze Dachlandschaften erwandern.

FUYANG CULTURAL COMPLEX, HANGZHOU CHN

Eines der größten Projekte von Lu Wenyu und Wang Shu ist der Fuyang Cultural Complex in der Nähe von Hangzhou, der sich in erster Linie der Kunst der Yuan-Dynastie (13. und 14. Jahrhundert) widmet. Der 40.000 Quadratmeter große Museumskomplex umfasst ein Museum, eine Galerie und ein Kunstarchiv. Verbunden werden die einzelnen Bauwerke, die zum überwiegenden Teil aus alten, recycelten Ziegelsteinen errichtet wurden, über einen aufregenden Skywalk, der sich wie ein vielfach geschwungener Wanderpfad mit Stiegen und Rampen durch Innenhöfe windet und ganze Dachlandschaften überspannt. Von den höchsten Punkten erhascht man Blicke auf den nahe gelegenen Fluss Fuchun sowie auf die gleichnamige Gebirgskette am Horizont. Mit jedem Schritt mutiert die Architektur selbst zu einer zwar künstlich erschaffenen, aber reizvollen und menschengerechten Ersatznatur. Den Auftrag zum Bau des Museumskomplexes hat Lu Wenyu mit der Forderung verknüpft, das nahe gelegene Dorf Wencun CHN – anstatt es abzureißen und neu zu bebauen – zu sanieren und zu revitalisieren. Mit Erfolg.

Leben zwischen Wiese und Wasser

Stadt, Land, Fluss

Lange Zeit fristete die urbane Natur ein untergeordnetes Dasein und wurde in Stadtplanungsprozessen erst spät oder nachträglich berücksichtigt. Doch das ändert sich gerade.
Die Natur wird zu einem wesentlichen Aspekt im Städtebau.

Ob Wald, Wiese oder Wasser: Natur- und Parklandschaften sind nicht nur wichtige Erholungsräume, sondern leisten auch wertvolle Dienste in Bezug auf lokales Klima, Luftqualität und Regenwasser-Speicherung. Sehr oft sind es Aktivistinnen, Stadtplanerinnen und Stadtbaudirektorinnen, die sich dafür stark machen.

→

Elsa Burckhardt-Blum

„Am abendlichen Stammtisch im Odeon repetierte sie die vormittäglichen Bauführer-Ärger und Freuden, die Erlebnisse einer berufsjungen Frau unter urchigen trickgewohnten Baufachmännern."

Aus dem Nachruf auf Elsa Burckhardt-Blum von Hans Fischli

Elsa Burckhardt-Blum

○ 1900 in Zürich SUI

● 1974 in Küsnacht SUI

Studium der Kunstgeschichte, Autodidaktin

Projekte: Ortsplanungen, Wohnbau, Sportbauten, Freibäder, Möbeldesign, Kunst

ZUR PERSON

Elsa Blum wird zur Jahrhundertwende geboren und wächst in einer kunstaffinen Familie auf. Ihr Vater ist Theologe, ihr Bruder Robert Blum wird später Komponist. Sie selbst besucht die Kunstschule und studiert anschließend Kunstgeschichte. Im Alter von 25 Jahren heiratet sie den Architekten Ernst Friedrich Burckhardt und eignet sich in den kommenden Jahren als Volontärin und Mitarbeiterin in diversen Büros weitreichende Architekturkenntnisse an. Damit zählt sie in den 1930er-Jahren zu den ersten freischaffenden Architektinnen der Schweiz. 1958 kommt ihr Mann bei einem Autounfall ums Leben, kurz darauf tritt sie als erstes weibliches Mitglied dem Bund Schweizer Architekten (BSA) bei. Neben der Architektur und Stadtplanung spielt von Anfang an auch die Kunst eine große Rolle in ihrem Leben. 1965 widmen ihr die Stadt Zürich und die Zürcher Kunstgesellschaft eine große Ausstellung.

ZUR ARBEIT

Gemeinsam mit ihrem Mann realisiert Elsa Burckhardt-Blum zahlreiche Projekte im ganzen Land, in den meisten Fällen jedoch wird lediglich der Name ihres Mannes angeführt – ein Schicksal, das stellvertretend für die Leistungen vieler Frauen in dieser Zeit steht. Zu den wichtigsten Projekten aus ihrer Feder zählen Villen, die Wohnkolonie Heslibach in Küsnacht, die sie auch selbst bewohnt, und etliche Orts- und Regionalplanungen. Am stärksten mit ihrem Namen verbunden jedoch sind der Sportpavillon für die Schweizerische Landesausstellung 1939 sowie die beiden Freibäder Oberer Letten und Unterer Letten SUI. Bei beiden Schwimmanlagen erkennt man ihre Vorliebe für schlichte, schnörkellose Konstruktionen. Auch unter Kolleginnen und Kollegen gilt Elsa Burckhardt-Blum als Vertreterin einer klaren, offenen, nach außen gerichteten Architektursprache. Die nüchterne Geradlinigkeit findet sich auch in ihrer Kunst wieder. Ihre abstrakten Zeichnungen und Gemälde werden in Galerien und Auktionshäusern gehandelt.

↑

← Das Flussbad Oberer Letten wurde 1952 errichtet und steht mittlerweile unter Denkmalschutz. 2012 wird das Freibad nach Plänen von Gut & Schoep Architekten saniert und in seinen Originalzustand rückgeführt.

FLUSSBAD OBERER LETTEN, ZÜRICH SUI

Nicht weit vom Zürcher Hauptbahnhof bildet die Limmat eine schmale, einen Kilometer lange Flussinsel aus. Genau hier hat Elsa Burckhardt-Blum 1952 das Freibad Oberer Letten geplant. Aufgrund des engen Grundstücks und der steilen Böschung muss das Bad zum Teil auf einer künstlichen Betonplattform errichtet werden, die wie eine Bühne in den Fluss hineinragt. Auf zwei Ebenen sind Duschen, Umkleidekabinen sowie große Liegeflächen zum Sonnenbaden arrangiert. Über breite Treppen gelangt man ins Wasser. Die Stadt Zürich würdigt das Projekt mit der „Auszeichnung für gute Bauten". 2012 wird das elegante, denkmalgeschützte Freibad generalsaniert und den heutigen technischen und hygienischen Anforderungen angepasst. Die Zürcher Architekten Gut & Schoep entfernen die Umbauten der letzten Jahrzehnte und führen die gesamte Anlage in ihren Originalzustand zurück – mit Holzkabinen, mobilen Paravents und eigens entwickelten Leuchten. Bis heute ist das kleine Bad am Lettenkanal eine öffentliche Oase mitten in der Stadt. Eintritt frei.

Elizabeth Diller

„Es ist immer eine Herausforderung, einen Übergang zwischen dem öffentlichen Raum einer Stadt und dem privaten Raum eines Gebäudes zu schaffen. Das ist unsere Verantwortung als Städtebauerinnen.“

Elizabeth Diller

○ 1954 in Łódź POL

Studium und beruflicher Werdegang in den USA

Projekte: Konzeptkunst, Interior Design, öffentliche Plätze, großmaßstäbliche urbane Interventionen

ZUR PERSON

Elizabeth Diller wird in Polen in eine jüdische Familie hineingeboren und emigriert 1960 im Alter von sechs Jahren in die USA. Sie studiert Architektur an der Cooper Union School of Architecture, wo sie ihren Lehrer und späteren Mann Ricardo Scofidio kennenlernt, mit dem sie 1979 das Büro Diller + Scofidio gründet. Zehn Jahre lang ist sie Professorin an der Princeton University USA und beschäftigt sich in dieser Zeit mit Kunstprojekten und konzeptionellem Städtebau. 1999 erhält sie von der MacArthur Foundation ein Forschungsstipendium, mit dem sie ihr erstes großes Projekt finanziert und realisiert: Mit dem *Blur Building*, einem in feinsten Sprühnebel gehüllten Pavillon für die Schweizer Landesausstellung 2002, erlangt sie weltweite Bekanntheit. 2018 wird sie vom *Times Magazine* zu einer der einflussreichsten Frauen weltweit gekürt. 2019 erhält sie den Women in Architecture Award.

ZUR ARBEIT

Von Anfang an beschäftigt sich Elizabeth Diller mit den Graubereichen zwischen Kunst, Fotografie, Architektur, Stadtleben und Landschaft. Ihre meist großmaßstäblichen Projekte wirken im ersten Moment mitunter deplatziert und überdimensioniert, entpuppen sich bei näherer Betrachtung jedoch als identitätsstiftende Räume, die dazu einladen, aktiv benützt zu werden. Zu den bekanntesten Projekten zählen das Institute of Contemporary Art in Boston USA, das Kunstmuseum *The Broad* in Los Angeles USA sowie *The Shed*, eine auf Schienen bewegliche Überdachung für einen urbanen Museumsvorplatz auf der Westseite Manhattans USA. Das mit Abstand prominenteste Projekt jedoch ist die *High Line* in New York USA. Dabei wurde die 1932 errichtete und 1980 stillgelegte Güterzugstrecke in den Jahren 2006 bis 2019 in einen 2,3 Kilometer langen Park verwandelt. Die *High Line* ist ein Paradebeispiel für urbane Revitalisierung und hat weltweit viele Stadtentwicklungsprojekte beeinflusst.

ZARYADYE-PARK, MOSKAU [RUS]

Einst stand hier, wenige Meter vom Kreml entfernt, das Hotel Rossija, mit 3.200 Zimmern der größte Hotelkomplex der Welt. 2006 wurde es abgerissen und offenbarte mit einem Schlag zehn Hektar Freifläche. 2013 wurde ein internationaler Wettbewerb ausgeschrieben, den Diller Scofidio + Renfro mit dem Konzept einer Überlagerung von Architektur und Landschaft gewonnen haben. Der Park, benannt nach dem ehemaligen Stadtviertel, das für den Bau des Hotels planiert worden war, umfasst ein Museum, ein Konzerthaus, ein Bildungszentrum sowie diverse Restaurants, die unterirdisch liegen und deren begrünte Dächer eine aufregende Topografie mit Liegewiesen, Rodelhügeln und geschwungenen Gehwegen bilden. Die beiden Highlights sind eine Open-Air-Arena und eine 70 Meter lange *Flying Bridge* mit Ausblick auf den Fluss Moskwa. Der Zaryadye-Park, der pro Jahr zehn Millionen Besucherinnen anzieht, ist ein radikales Symbol für die Neuausrichtung der Moskauer Stadtpolitik, die wieder den Menschen in den Mittelpunkt rückt.

Laura Vahl

„Man findet an jedem Ort etwas Charmantes. In diesem Fall sind dies Bilder und hoffnungsvolle Klischees von See und Meer. Das darf Spaß machen und im Detail ruhig auch ein bisschen kitschig sein."

Laura Vahl

○ 1979 in Hagen GER, aufgewachsen in Düsseldorf GER Studium der Landschaftsarchitektur an der TU Berlin GER Projekte: Parkanlagen, Platzgestaltungen, Spielplätze und urbane Kunstinstallationen

ZUR PERSON

„Ein wilder Garten ist etwas Wunderschönes, keine Frage", sagt die Berliner Landschaftsarchitektin Laura Vahl, „aber mein Herz schlägt für die urbanen Orte, für Plätze und Begegnungsorte vieler tausender Menschen." Ihre Kindheit und Jugend verbringt sie vor allem in der Natur, erst nach ihrer Schulausbildung beginnt sie sich für das Thema Stadt zu begeistern. Sie studiert Landschaftsarchitektur an der TU Berlin und arbeitet währenddessen bereits in den beiden Büros der britisch-amerikanischen Landschaftskünstlerin Martha Schwartz in London GBR und Boston USA. In dieser Zeit plant sie Stadtgestaltungs- und Stadtentwicklungsprojekte in Dubai UAE, Las Vegas USA und Kasachstan. Zurück in Berlin, gründet sie 2011 ihr eigenes Büro Lavaland, wo sie heute ein Team mit rund zehn Mitarbeiterinnen und Mitarbeitern leitet. Bis 2015 war sie wissenschaftliche Mitarbeiterin an der TU Berlin. Seit 2019 ist sie Professorin an der Berliner Hochschule für Technik.

ZUR ARBEIT

In einer alten, aufgelassenen Fabrik in Berlin-Kreuzberg entwirft Laura Vahl mit ihrem Team Parks, Plätze, Straßenräume, Quartiersanlagen und Spielplätze im urbanen Raum. Ihre Arbeit reicht vom Masterplan bis hin zum allerkleinsten Maßstab, in dem sie Spielgeräte und Sitzmöbel für Jung und Alt entwirft. Ihr Ziel ist es, demokratische Räume für alle zu schaffen – ob das nun der Campus Charlottenburg, der Mehringplatz in Berlin oder der Seepark in der Seestadt Aspern in Wien AUT ist. Am liebsten arbeitet sie dabei mit dem, was sie als „Gemengelage vieler Menschen und ihrer Interessen" bezeichnet: Je wilder, kontrastreicher und multikultureller die gesellschaftliche Mischung, desto lieber ist es ihr, denn nicht zuletzt ist es die Aufgabe urbaner Orte, unterschiedliche Menschen mit ebenso unterschiedlichen Bedürfnissen zusammenzubringen und ihnen eine Bühne für Sozialisation zu bieten. Um das zu erreichen, arbeitet sie nicht nur mit Funktionalität, sondern auch mit Leidenschaft und Humor.

SEEPARK, SEESTADT ASPERN, WIEN [AUT]

Die Grundidee des Asperner Seeparks ist die Maximierung und Ausweitung des Sees und der maritimen Stimmungsbilder bis in die städtischen Gassen und Straßen hinein. Laura Vahl bezeichnet diesen Gestaltungsansatz als „Multiplikation des Wassers". Der von ihr zusammengestellte Werkzeugkasten umfasst Steine und unbehauene Felsbrocken, sanft geschlungene Wege, Sitzbänke mit Blick aufs Wasser, unregelmäßig platzierte Sträucher und Bäume, die der weichen Topografie folgen, sowie bunte Frösche, Libellen und Spielgeräte, wie man sie aus Seebädern und Kindheitstagen kennt. Die beiden wichtigsten Elemente des Seeparks jedoch sind der Fußgängersteg, der einen alternativen Weg über die Bucht anbietet, und die beiden Trauerweiden, die – in vielen Jahren einmal – einen romantischen Mittelpunkt in der Seestadt bilden werden. Das Konzept scheint voll aufzugehen: Schon am Eröffnungstag am 14. Juli 2015 sprangen die Menschen ins Wasser, und auch heute noch sind Flip-Flops, Luftmatratzen und der Geruch von warmer Sonnencreme aus dem Seepark nicht mehr wegzudenken.

Gekonnte Kunst-griffe

Kleine Impulse und große Liebe

Stadt besteht nicht immer nur aus großmaßstäblicher Planung und jahrzehntelangen Wachstumsprozessen. Oft sind es die kleinen, fast unscheinbaren Eingriffe, die unsere Städte aufregend und lebenswert machen.

Das Spektrum der gekonnten Kunstgriffe reicht von Stadtmöbeln über Kunstprojekte bis hin zu temporären Installationen, die nach wenigen Wochen wieder abgebaut werden. Manchmal passiert es, dass mit diesen kleinen Dingen Großes passiert – und plötzlich steht in Tirana eine Sitzbank, die man eigentlich aus dem Museumsquartier kennt.

→

Anna Popelka

„Ich will die Stadt nicht fertigdenken. Wo bleibt dann noch Platz für Entwicklung und Veränderbarkeit? Das, was ich will, ist Pluralismus und ein Maximum an Möglichkeiten.“

Anna Popelka

○ 1961 in Graz AUT
Architekturstudium an der TU Graz
Projekte: Wohnbau, Kindergärten, Schulen, Stadtplanung, Stadtmöbel

ZUR PERSON

Schon als Kind bemerkt Anna Popelka, dass sie eine starke räumliche und dreidimensionale Wahrnehmung hat und sich mit Formen und Farben, wie sie meint, besser ausdrücken kann als mit gesprochener Sprache. Sie träumt davon, dem Beispiel ihres Vaters zu folgen und Architektin zu werden. Nach dem Studium in Graz zieht sie nach Wien AUT, wo sie gemeinsam mit ihrem Partner Georg Poduschka 1995 das Büro PPAG Architects gründet. Wohnen und Arbeiten fließen bei ihr nahtlos ineinander über: Nachdem sie sich beruflich immer wieder intensiv mit städtischer Erdgeschossnutzung beschäftigt, beschließt sie – quasi als Versuchskaninchen – selbst im Parterre zu wohnen und das urbane Treiben am Gehsteig aus dieser Perspektive zu beobachten. Das Experiment dauert fast 20 Jahre und prägt die soziale und räumliche Arbeitsweise von PPAG entscheidend mit. Zahlreiche Preise – unter anderem der Preis der Stadt Wien 2014, der Österreichische Staatspreis 2018 sowie der Hans-Hollein-Kunstpreis 2019 – belegen den Erfolg.

ZUR ARBEIT

Zu den wichtigsten Aufgaben von PPAG zählen Wohnen, Schulbau und Nachverdichtung der bestehenden Stadt. Drei Qualitäten ziehen sich wie ein roter Faden durch fast alle Projekte – zunächst das Bestreben nach sozialer Demokratisierung, dann das Zurückdrängen des Autos aus dem öffentlichen Raum, schließlich das unentwegte Hinterfragen von Normen und Experimentieren mit neuen Wohn- und Lebensmodellen. Beispiele für die neuen gebauten Ideen sind ein Geschäftshaus in Deutsch-Wagram AUT, dessen Dach im vierten Stock rund um die Uhr öffentlich begehbar ist, ein kürzlich fertiggestellter Schulbau in Wien-Meidling, bei dem man von der Terrasse im zweiten Stock direkt in den Garten hinunterrutschen kann, sowie der kontroversiell diskutierte Wohnbau *Slim City*, der sich zum Ziel gesetzt hat, süditalienische Wohndichte in die Seestadt Aspern AUT zu holen. Mit Mut zum Risiko stehen Anna Popelka und Georg Poduschka für die Neuerfindung der Stadt, die Wiederentdeckung von Spaß und Lebensfreude – und manchmal auch für ein bisschen Irritation.

↑ Die *Enzis* wurden ursprünglich für das Wiener Museumsquartier entworfen, sind in der Zwischenzeit aber überall auf der Welt zu finden. Im Bild: Skanderbeg-Platz in Tirana, Albanien. Die Aufnahme stammt aus der Publikation *Tirana. Architecture as Political Factor* (2019) von Ulrike Kuch, Bauhaus-Universität Weimar.

ENZI, MUSEUMSQUARTIER, WIEN AUT

Für das frisch eröffnete Museumsquartier wird 2002 ein Wettbewerb ausgeschrieben – mit der Aufgabe, die leeren und unwirtlichen Innenhöfe zu beleben. Anna Popelkas Entwurf gewinnt die Ausschreibung mit rund vier Quadratmeter großen Sitzelementen aus beschichtetem Schaumstoff. Im ersten Winter werden gleich hundert Stück davon aufgestellt. Seit 2010 wird die jeweilige Saisonfarbe in einem Online-Voting ermittelt. Die Möbel eignen sich zum Sitzen, Liegen und Rutschen, in gestapelter Formation aber auch als Bühne, Fußballtor und wärmegedämmter Winterpavillon. Heute sind die mit dem Adolf-Loos-Design-Staatspreis ausgezeichneten *Enzis*, die in den letzten Jahren technisch weiterentwickelt wurden und das MQ zum größten Wohnzimmer der Stadt gemacht haben, kaum noch aus dem Stadtbild wegzudenken. Viele *Enzis* genießen ein nomadisches Leben und sind mittlerweile in Zürich SUI, Hamburg GER, Düsseldorf GER, Bayreuth GER, London GBR, Moskau RUS, Madrid ESP, Barcelona ESP und in der albanischen Hauptstadt Tirana anzutreffen, aber auch noch weiter weg in Kanada oder Katar. So klein, und doch so große, globale Wirkung!

Marjetica Potrč

„Der Teich ist eine Bühne, auf der die Schwimmer eine Balance zwischen Stadt und Natur finden können. Er nutzt die Community als Instrument, um eine widerstandsfähigere, lebenswertere Stadt zu entwickeln.“

Marjetica Potrč

○ 1953 in Ljubljana SLO
Kunst- und Architekturstudium in Slowenien
Lebt und arbeitet in Europa, Venezuela, Mexiko und in den USA
Schwerpunkte: Öffentliche Plätze, Kunst im öffentlichen Raum, Infrastruktur im globalen Süden

ZUR PERSON

Marjetica Potrč, Tochter eines Schriftstellerpaars, studiert Architektur und Bildhauerei in Ljubljana. 1990 wandert sie in die USA aus und realisiert dort erste Installationen und Kunstprojekte im öffentlichen Raum. Weitere Schaffensorte sind Berlin GER, Hamburg GER, Venedig ITA, Boston USA, Caracas VEN und Johannesburg RSA, wo sie in Zusammenarbeit mit der Bevölkerung Projekte entwickelt, die sie selbst als „Placemaking" (gemeinsam Platz schaffen) und „Ritual of Transition" (Rituale der Veränderung) bezeichnet. Ihre Werke sind regelmäßig auf der Biennale in Venedig und São Paulo BRA sowie in Ausstellungen in Frankfurt/M. GER, London GBR und Boston USA zu sehen. 2001 widmet ihr das Guggenheim-Museum in New York USA eine Ausstellung. Von 2011 bis 2018 ist sie Professorin an der Hochschule für bildende Künste Hamburg, darüber hinaus unterrichtet sie in Venedig und am Massachusetts Institute of Technology (MIT) in Boston. Seit 2018 lebt sie wieder in ihrer Heimatstadt in Slowenien.

ZUR ARBEIT

Marjetica Potrč beschäftigt sich mit Installationen (Architectural Case Studies) und Kunst im öffentlichen Raum. Ihre Leidenschaft jedoch ist die Schnittstelle zwischen Urbanität und technischer Infrastruktur, der sie sich vor allem in dicht bevölkerten Entwicklungsgebieten widmet. In Zusammenarbeit mit der lokalen Bevölkerung in Venezuela und Südafrika baut sie Straßen, Parkanlagen, Trockentoiletten und Regenwasser-Zisternen. Die Projekte erwecken einen alltäglichen, ja fast banalen Eindruck. Das Phänomen ist gewollt, handelt es sich doch einerseits um Selbstermächtigung und Identifikation mit dem Lebensort, andererseits um direkte Kritik an der Bau- und Immobilienwirtschaft, in der das Selbstverständliche oft zum unbezahlbaren Luxusgut wird. Mit Aussagen wie etwa „Ich kreiere keine Skulpturen, ich baue Mauern und Notwendigkeiten" wendet sich sie bewusst gegen das Kunst-Establishment.

KING'S CROSS POND, LONDON GBR

Ähnlich wie auf den ehemaligen Gleisanlagen am Wiener Süd- und Nordbahnhof AUT wurde der Londoner Bahnhof King's Cross in den letzten Jahren zu einem Wohn- und Business-Quartier ausgebaut. Zur Stärkung der Identifikation mit dem Ort sollte im Auftrag der Projektentwickler ein temporäres Kunstprojekt entstehen. In Zusammenarbeit mit dem Rotterdamer NED Architekturbüro OOZE hat Marjetica Potrč ein Freibad gebaut, das von Mai 2015 bis Oktober 2016 für nur 3,50 Pfund Eintritt beschwommen werden konnte. Der Ökoteich unter dem Titel *Of Soil and Water*, der erste seiner Art in ganz Großbritannien, hat aber nicht nur Menschen, sondern auch Fauna und Flora angelockt. Obwohl sich rund 5.000 Menschen in Form einer Petition dafür eingesetzt haben, den ganzjährig betriebenen Pool zu erhalten, wurde das Projekt beendet. Der King's Cross Pond ist ein Beispiel dafür, wie Kunst die Stadt mitgestalten und das urbane Leben nachhaltig beeinflussen kann.

Camille Walala

„Ich nehme die Lebensfreude ernst. Mit wenig Mitteln und etwas Farbe schafft man es, die Stadt zu verändern, den öffentlichen Raum zu emotionalisieren und die Menschen zum Lächeln zu bringen.“

Camille Walala

○ 1975 in Paris FRA

Literaturstudium in Grenoble FRA, Textilkunst-Studium in Brighton GBR

Projekte: Textilkunst, Möbeldesign, Kunst im öffentlichen Raum

ZUR PERSON

Camille Walala, eigentlich Camille Vic-Dupont, wächst in Piégon in der Provence FRA auf und erlebt das Dorf und die umliegende Landschaft – vor allem im Frühjahr – als bunten, blühenden Reigen. Seit damals ist sie der Welt der Farben verfallen, doch schon als Kind empfindet sie das Zeichnen und Malen auf Papier als materielle Verschwendung. Viel lieber bemalt sie stattdessen bereits bestehende Oberflächen und Objekte. Nach ihrem Literaturstudium 1998 zieht sie nach London GBR, wo sie sich zu Beginn als Köchin, Kellnerin und Schlagzeugerin finanziell über Wasser hält, nebenbei aber bereits eine Kunstschule besucht und schließlich Textilkunst im südenglischen Brighton studiert. 2009 gründet sie ihr eigenes Studio. Mit ihren charakteristischen Designs in Schwarz, Weiß und knalligen Farben zählt sie heute – gemeinsam mit den KünstlerInnen Yinka Ilori, Morag Myerscough und Adam Nathaniel Furman – zu den „New London Fabulous".

ZUR ARBEIT

Von Anfang an fühlt sich Camille Walala von der Postmoderne und der Achtzigerjahre-Gruppe Memphis angezogen. Ihren für sie typischen Stil jedoch entwickelt sie nach einprägsamen Reisen ins farbenfrohe Mexiko und zu den Ndebele in Südafrika. In ihren ersten Jahren entwirft sie Kleidung, Schuhe, Teppiche und Swatch-Uhren sowie Funktionskleidung für den Baumaschinenhersteller Caterpillar. Doch schon bald wird ihr der Mode- und Design-Maßstab zu klein, und sie beschließt, ihre charakteristischen Ornamente auf die Stadt zu übertragen – auf Hausfassaden, Straßenbeläge und Stadtmobiliar. Was sich zu Beginn noch in illegalen Guerilla-Aktionen manifestiert, stößt in der lokalen Kunstszene, in der Londoner Stadtverwaltung und nicht zuletzt in der internationalen Immobilienwirtschaft schon bald auf großes Interesse. Heute sind ihre großmaßstäblichen Konzepte und Kunstaktionen nicht nur in der britischen Hauptstadt zu finden, sondern auch in New York USA, Arkansas USA, Hongkong CHN und auf Mauritius.

WHITE CITY PLACE, LONDON GBR

Schon etliche Male hat Camille Walala in London ihre Handschrift hinterlassen. Zu den realisierten Projekten zählen etwa *Walala Parade* in Leyton, *Better Bankside* in der Southwark Street und die Adams Plaza Bridge in Canary Wharf. Mit der Street-Art-Installation *Les Jumeaux* (*Die Zwillinge*) bei der U-Bahn-Station White City werden nun erstmals vertikale und horizontale Elemente miteinander kombiniert. Das im Sommer 2020 fertiggestellte Kunstwerk besteht aus sieben Murals an den Fassaden des Television Centre und des WestWorks Building sowie aus zwei stark gemusterten Fußgängerübergängen über die Wood Lane und die South Arica Road. Die kräftigen Farben und geometrischen Ornamente sind nicht nur ein Farbtupfer im grauen London, sondern auch eine verkehrstechnische Sicherheitsmaßnahme: Einerseits werden die Passanten aufgefordert, nach links und rechts zu schauen, andererseits fahren die Autos aufgrund der optischen Irritation mit weniger Tempo in die Kreuzung hinein. Die Zahl der Unfälle ist seitdem auf null gesunken, die Zahl der Grinser in den Gesichtern der LondonerInnen zugleich kräftig gestiegen.

The Len…

“It’s necessary, urgent even, that women architects identify themselves as such”

Jane Hall, architect at the London-based collective Assemble, has written a book on architecture by women: *Breaking Ground*. A discussion about critical insights and surprising discoveries – and about how she managed to keep track of more than 800 female architects from around the world.

Jane, you recently authored a book called *Breaking Ground* which showcases the work of women architects over the past 100 years. Why did you decide to work on this topic?

Hall: We were commissioned by Phaidon to develop this book. The book itself is primarily a kind of visual survey of great works of architecture designed by women from 1900 to the present day. For us, however, is simply the final product of what is a much larger piece of research. At first, we were not entirely sure about authoring this book as categorization by gender can be very reductive. In this instance, however, it felt like a very useful tool to draw attention to work that has largely been overlooked because of gender.

What exactly are the questions regarding gender in architecture that you grappled with?

Hall: When women are grouped under the umbrella gender of “woman” there tends to be a certain kind of emotization and simplification of their experience and their working lives. That is certainly the argument made by Danish architect Dorte Mandrup, who says “I am not a female architect. I am an architect.” Mandrup posits that few other professions require those who work in them to define themselves in this way, adding that

Jane Hall

° 1987, studied at Cambridge University and the Royal College of Art. She is the inaugural recipient of the British Council Lina Bo Bardi Fellowship (2013) and co-founder of the architecture collective Assemble in London. She is the author of *Breaking Ground. Architecture by Women* (2019) and *Woman Made* (2020).

this threatens to massively undermine the credibility of female architects. The famed Pakistani architect Yasmeen Lari, on the other hand, offers us another lens through which to understand the same position. She doesn't feel the term "women architect" fits her own sense of self-identity – not because it somehow undermines the position of women within the profession, but because in general terms being labeled a woman in Pakistan is indelibly linked with class difference. And so, the professional title of architect transcends gender in socio-political terms. What unites Lari and Mandrup's positions despite the disparity in location is that they are quite specific to a middle-class feminism. One that sees a continuing sense of disidentification of architects from their gender.

So, why do you think work on gender is valuable?

Hall: Gender is socially constructed, and as such there is a rich history affected by that context, which otherwise easily gets lost due to the insidious gender bias that still exists today. Gender is an imperfect tool to make this happen! Which is, in the end, why we are all here participating in work like the Frauen Bauen Stadt series that you created. Yet it is increasingly anachronistic! And therefore irrelevant to the present way in which a growing number of women perceive their own experience in work.

In what way?

Hall: Well, there are great shifts depending on the cultural resources that women are working with to discuss feminist politics in architecture. So, many – such as Mandrup and Lari – position themselves as individuals who are truly capable of negotiating structural constraints autonomously. Which is great for them, but not necessarily an agency that all women, particularly inter-generationally, have.

Did the position of Assemble change while doing the research for your book?

Hall: In the course of our research, we at Assemble increasingly thought it necessary, urgent even, that women architects identify themselves as

such. Not simply to say, "we are here", but to demonstrate that, in the form in which it is currently taught, received architectural history has rendered us invisible. This is evident in several different ways, and yes, some of them are high-profile!

Such as?

Hall: Denise Scott Brown, for example, did not receive the Pritzker Prize alongside her partner Robert Venturi – an omission echoed by Lu Wenyu's absence from her partners' 2012 success. These are suspicious omissions of women who have supposedly made it in the profession. But their position remains constantly subject to revision. For us, embracing gender is also part of a larger feminist project within design that we are developing a methodology around.

How did you choose the women architects you feature in the book? Did you have any specific criteria?

Hall: We approached the work for this book as architectural historians interested in challenging twentieth-century modernist narratives in which modernism is the dominant, if not global, architecture style. Research began at home in a British context. Dr. Lynn Walker argues that the two most important strands of change in architecture in Britain were the modern movement and the entry of women into the architectural profession, meaning that this intersection was our starting point for looking at the work of pioneers such as Elisabeth Scott, Norah Aiton and Betty Scott, all of whom worked on high profile projects beginning in the 1920s.

So, in the beginning you were thinking mainly about female pioneers?

Hall: The book could easily have become a tome of global firsts where women were at the forefront, and there are many of these! For instance, Eleanor Agnes Raymond, who in 1931 built one of the first International Style Houses in the US, exploring the use of innovative materials; Margaret Staal-Kropholler, who was the first female architect in the Netherlands; Jelisaveta Načić, who was the first female architect in Serbia and also Belgrade's very first chief architect; or Beverly Loraine Green, who was licensed in 1942 and was the first African American female architect. She, for example, went on to work on the UNESCO Building with Marcel Breuer and Pier Luigi Nervi in 1954. Recognising these accolades seems an important act of subversion, placing women alongside men in a canonical and patriarchal history.

← **Assemble Studio assembling the *Yardhouse*, an affordable workspace building in Sugarhouse Yard in Stratford, as a pilot for the provision of new creative workspace in the Olympic Park.**

Many thoughts, many female architects. So, in the end, how did you choose the women who are portrayed?

Hall: I worked exclusively with a Google spread sheet, longlisting over 800 women before my submission deadline. I drew up a shortlist of around 350, with Phaidon making the final selection. It was important for me that the book had a real global spread, focusing on geographies and time periods that are often ignored by the Western discourse, but also representing a younger generation.

You mentioned Breuer and Nervi earlier. Are collaborations with men significant in the work of the women of that time?

Hall: What is extraordinary is that so many of these early pioneers were at the center of internationally significant designs. This is partly due to the comparatively large number of building opportunities resulting from two World Wars. Another part of the modernizing era was the wider women's liberation movement. The way this tends to be historized means that most of the women architects we repeatedly hear about today tend to be those associated with white male modernists. While architects like Ray Eames, Eileen Gray, Jane Drew, Charlotte Perriand, and many, many more were all extraordinary and have been given insufficient credit, they have received more attention, particularly recently, because of their closeness to male architects such as Le Corbusier.

Assemble works as a collective, but all the same you stated that it was important to show women practicing under their own name? Why?

Hall: Working collectively and highlighting and celebrating individuality do not conflict with each other in any way. Architecture is inherently collaborative, particularly across disciplines. However, our culture looks for singularity in authorship, often overlooking the wider design team and contractors who actually create the built environment. We make a serious attempt to draw attention to the huge number of architects who have worked and persevered independently under their own name – such as Flora Ruchat-Roncati, who in 1988 designed the Transjurane Highway through the Jura Mountains that links Swiss and French road networks; or Minnette de Silva, who was a pioneer of Sri Lankan modernism and whose buildings fuse artisanal traditions with new construction techniques. So, *Breaking Ground* is an attempt to make visible a small corrective of architecture history by showcasing buildings and reflecting the different architectural styles of amazing works produced more recently in the twenty-first century.

←

The front façade facing onto the Sugarhouse Yard was made from colorful concrete tiles handmade on site. The *Yardhouse* was dismantled when the studio space relocated to Bermondsey in South London.

Did you note a change in the way women design and deliver their buildings in recent years?

Hall: Architecture is the product of creative expression but also involves other qualities such as business acumen. The culture created in an architecture office, indeed the business structure in which one can function is as important to the work as the individual designer who normally takes credit. A book can only ever provide a limited framework and conversation about what architecture is and how it is made – but it is certainly made up of more than simply design.

Books are important milestones. And *Breaking Ground* in particular has had a huge impact in the international architecture scene!

Hall: Representation is important but there are inherent challenges in compiling what can be perceived as a totalising list, which focuses only on the autonomy of the built object. The book has limitations. It is quite limited in terms of diversity. Negotiating the affective politics of books such as this one means that they can no longer simply aim at being inclusive – it is essential to go deeper, beyond a pluralistic understanding of identity.

What is needed in the future?

Hall: The topic of women architects must be addressed in conferences, by educators, and by publishers who can give platforms to new voices from other parts of the world. This is something vitally important for us at Assemble and our practice. We are keenly aware that architecture should be reflective of those who will use it daily.

Has the ground been broken now? Or when will it be?

Hall: Hopefully we can now have a more nuanced and complex conversation about gender and architecture, rather than always having to justify why women deserve to be heard and seen at all.

Stadtkonflikte / Working Women Wohnen

Allerhand Dringliches für ein egalitäres Wohnrecht

Gabu Heindl

Architektin und Stadtplanerin in Wien. Sie lehrt an der Architectural Association (AA) in London und ist Professorin für Städtebau an der TH Nürnberg. Ihr Architekturbüro fokussiert auf leistbares Wohnen und Arbeiten sowie auf Geschichtspolitik im öffentlichen Raum. Zuletzt erschienen: *Stadtkonflikte. Radikale Demokratie in Architektur und Städtebau* (2020).

„Die Frauenorganisationen selbst müssen sich dafür einsetzen, daß solche Wohnungen für berufstätige und studierende Frauen geschaffen werden. Vor allem müssen sie sich dafür einsetzen, daß sie bei den Wohnungsämtern Wohnberechtigung erhalten!"

Margarete Schütte-Lihotzky,
Allerhand Nützliches über die Wohnung der berufstätigen Frau, 1927

Vor knapp hundert Jahren entwickelte die Architektin Margarete Schütte-Lihotzky den Prototyp einer „Wohnung der berufstätigen Frau". Dies war ihr Beitrag zur architektonischen Frage, wie 1927 eine Wohnung für geringverdienende, alleinstehende Frauen* leistbar konzipiert sein könne. Schütte-Lihotzky plante unterschiedliche Prototypen für unterschiedliche Klassen: Der Typ I bestand aus Kleinst-Wohnräumen für „Arbeiterinnen", die sich die Nassräume teilen müssen; Typ IV hingegen war eine Einzelwohnung für „Akademikerinnen, Höhere Beamtinnen, Lehrerinnen". Diese war fünfmal so groß wie das proletarische Zimmer, und doch entsprach sie eher der Wohnung für das Existenzminimum als dem damaligen bürgerlichen Wohnstandard.

Die später kommunistische Schütte-Lihotzky war damals Teil der internationalen CIAM Architekturgruppe, die sich mit kreativen Lösungen für die „Wohnung für das Existenzminimum" beschäftigte – ohne jedoch die der Aufgabe zugrunde liegenden ungerechte Verteilung von Raum politisch zu kritisieren. Die progressiven Architekten sahen die Aufgabe der Zeit – geprägt durch Emanzipationsbewegungen und Austromarxismus – darin, die Last der Hausarbeit durch gute Grundrisse zu mindern.[1] Und sprachen die Arbeit am Haushalt samt Raum dafür unhinterfragt der Frau zu. Mit der feministischen Post-Marxistin Silvia Federici gesagt: Der Marxismus, auch der Austromarxismus, blendete die Care-Arbeit der Frauen* aus.

1 Schuster, Franz; Schacherl, Franz: *Proletarische Architektur*, in: *Der Kampf. Sozialdemokratische Monatsschrift*, 19. Jg., Nr. 1 (Januar 1926), S. 34–39.

Heute hat sich die Prekarität von Frauen*[2] verändert, aber nicht verringert. Weiterhin sind die Wohn- und Lebensumstände von Frauen* durch gesellschaftliche Machtverhältnisse geprägt. Eine große Zahl an alleinwohnenden und/oder alleinerziehenden Frauen* sind arm oder armutsgefährdet. Sie sind arm *trotz* Arbeit („working poor"). Und das Wohnen macht sie noch ärmer: Frauen* zahlen proportional mehr von ihrem Einkommen (so sie überhaupt eines haben) oder von ihrer Pension fürs Wohnen als Männer.[3] Viele Frauen* sind nicht einmal lohnabhängig, sondern sind als minder- bis unbezahlte, aber oft systemerhaltende Care-Arbeiter*innen tätig.

Zugleich aber bauen die derart betroffenen Frauen* an der Stadt mit. Sie gestalten, versorgen, reinigen, reproduzieren sie im Rahmen ihrer schlecht bezahlten Jobs. Oft leisten sie zudem Nachbarschaftshilfe, übernehmen Baum- und Pflanzenpflege und arbeiten an der Verschönerung oder Verbesserung ihrer Wohnumgebung mit. Für ihre wichtige Arbeit als „Systemerhalterinnen" wurden sie im ersten Corona-Lockdown in Wien regelmäßig abends in einer öffentlichen Aktionen aus den Fenstern und von den Balkonen beklatscht. Gehaltserhöhungen oder bessere Arbeitsbedingungen gibt es für sie aber bis heute nicht. Die Systemerhalterinnen erhalten ein System, das sie zugleich unterdrückt.

Aus architektonischer Perspektive zeigt sich die systematische Eigendynamik etwa durch die vorherrschende Wohnungstypologie der letzten hundert Jahre: Die schon im Roten Wien angelegte Konzeption der kleinbürgerlichen Wohnung fixierte auf Dauer das Konzept der Kleinfamilie. Bis heute gibt es im sozialen Wiener Wohnbau kaum Wohngemeinschaften. Eine Ausnahme bildet das Einküchenhaus, der sogenannte Heimhof, der aus der bürgerlichen Emanzipationsbewegung heraus entwickelt wurde.[4]

Üblicherweise geht die Planung für ein Existenzminimum davon aus, dass die Existenz mancher Menschen weniger Raum bedarf als die anderer. Architektur wird dabei zur Kompensationsübung. So manch kreative Strategie – etwa Schlafnischen im tiefen Wohnzimmer – führt zur Zementierung der ungerechten Wohnbedingungen der Frau*, weil nämlich ihr Wunsch nach einem eigenen Zimmer immer zuletzt kommt. Das heißt, dass sie am Ende in dieser Wohnzimmer-Nische ohne Fenster und Privatsphäre schläft.

Im Sinn einer gerechteren Wohnsituation könnte die Gesetzgebung hier Abhilfe schaffen – beispielsweise durch einen guten Mieter*innenschutz – und sich zugleich direkt auf die Stadtplanung auswirken: Das zeigt ein kurzer Rückblick auf das Rote Wien. Die im Ersten Weltkrieg entstandene Wohnungsnot wurde durch einen starken Mieter*innenschutz (gesicherte Mietverträge, gedeckelte Mieten) gelindert. Dies bewirkte eine Reduktion der privaten Bautätigkeit, weil daher mit Wohnen keine Profite zu erzielen waren – im Gegensatz zu heute. Zudem wurde Spekulation mit Leerstand durch ein Wohnungsanforderungsgesetz verhindert, das es der Stadt ermöglichte, leerstehende Wohnungen für Wohnungssuchende zu mobilisieren.

2 Der Stern in „Frauen*" bezieht sich auf die gesellschaftliche Konstruiertheit von Gender. Das Recht auf bezahlbares und selbstgewähltes Wohnen gilt selbstverständlich für jeden Menschen. Insofern wird im Sinn des Blicks auf strukturell benachteiligte Frauen* das Recht auf Wohnen strukturell und als Recht für jede*n behandelt.

3 Der Gender-Gap: Während ein Mann für 30 Prozent seines Einkommens 365 Tage in einer Wohnung X lebt, kann sich eine Frau im Schnitt dieselbe Wohnung für 30 Prozent des Einkommens nur 297 Tage lang leisten. Siehe Heindl, Gabu: *Working Women Wohnen*, Wien (MA 50, Wohnbauforschung) 2020.

4 Bauträger war die Gemeinnützige Bau- und Wohnungsgenossenschaft Heimhof, die auf eine Initiative der Sozialreformerin Auguste Fickerts zurückging und bereits ab 1911 ein Haus für alleinstehende, erwerbstätige Frauen* betrieb.

↑ Störung einer etablierten Zahlenlogik: Kommentar zum Fehlen von bezahlbarem Wohnraum am Wiener Nordbahnhof. Installation von Gabu Heindl und Can Gülcü, 2017.

→

Gestern ÖBB, heute noch öffentlicher? Gabu Heindl und Can Gülcü gehen den Besitzverhältnissen auf den Grund.

Dadurch fielen auch die Grundstückspreise. Das erst ermöglichte die Bautätigkeit des Roten Wien, die den Grundstock für das aktuelle Wiener Modell darstellt – dass nämlich im heutigen Wien rund die Hälfte der Wohnungen in Kollektivbesitz ist, also in kommunalem oder genossenschaftlichem Besitz, und zwar quer durch die ganze Stadt. Dies wiederum bewirkte ein gewisses Maß an Wohnform-Durchmischung der Stadt und verlangsamt und mildert bis heute den ansonsten weit verbreiteten neoliberalen Prozess der Gentrifizierung sowie der Miet- und Preisexplosion beim Wohnen. Sozialer Wohnbau in Wien geht viel weniger mit einer Stigmatisierung der Bewohner*innen einher, als dies etwa in den USA mit dem Ausdruck „living in the projects" assoziiert ist. Er ist zumindest im gemeinnützigen Neubau eine „ganz normale" Wohnform.[5]

Und doch fehlt ein essenzieller Teil dessen, was damals „Proletariat" hieß – und zwar diejenigen, die schon damals durch die Ausschlusskriterien im Roten Wien und die auch heute noch keinen Zugang zum sozialen Wohnungsbau haben, nachdem dieser mit vielen systemimmanenten Hürden gespickt ist, die vor allem Frauen* treffen: Ausschlusskriterien beim Zugang zum Gemeindebau (z. B. Meldezeiten, Familienverhältnisse) sowie zum geförderten Wohnbau (z. B. Eigenmittelbedarf). Trotz des gefeierten Wiener Wohnbaumodells sind es also zumeist Frauen* in Notlagen, die auf den vermeintlich „offenen" privaten oder frei finanzierten Wohnungsmarkt angewiesen sind. In diesem Segment wiederum werden Frauen* etwa dadurch diskriminiert, dass nicht erreichbare Einkommensnachweise angefordert werden oder dass Wohnungen von Eigentümer*innen nur ungern an alleinerziehende Mütter vergeben werden.

Ein weiterer Aspekt des Roten Wien ist die ganz gezielte Standortpolitik, sowohl hinsichtlich der Positionierung von Infrastrukturen in proletarischen Gegenden als auch beim Einpflanzen proletarischer Wohnanlagen in bürgerliche Bezirke (klassisches Beispiel: der Karl-Marx-Hof in Wien-Döbling).[6] Manchmal bildeten Wohnhäuser Nachbarschaften, sodass etwa der Gürtel – die ringförmige Straße, die die damalige Vorstadt von den inneren Bezirken trennt – in Anlehnung an die großbürgerliche innenstädtische Ringstraße als „Ringstraße des Proletariats" bezeichnet wurde. Diese Standortpolitik ist eines der vielen Elemente in der machtpolitischen Strategie der Sozialdemokratie, die langfristig angelegt war, also Revolutionierung der Gesellschaft nicht durch einen blitzartigen, eruptiven Ausnahme-Akt, sondern als langwieriger Hegemoniekampf (vergleichbar Antonio Gramscis *Stellungskrieg*-Konzept).

Was laut Alfred Georg Frei aber die ganze Zeit über fehlte, war ein geeignetes Enteignungsgesetz, das tatsächliche Standortpolitik möglich gemacht hätte.[7] Die Standortpolitik musste sich pragmatisch der Verfügbarkeit von Grundstücken anpassen. So blieb die Stadtentwicklung von Eigentumsverhältnissen bestimmt. Das Rote Wien entwickelte zur kapitalistischen Stadt keinen alternativökonomischen Gegenplan,

5 Für geförderte Wohnungen gibt es eine Qualitätssicherung durch das „4-Säulen-System", worin soziale Nachhaltigkeit, Ökonomie, Architektur und Ökologie Prüfparameter sind. Dennoch kippt dieses System derzeit aufgrund der großen Nachfrage und des fehlenden Mieter*innenschutzes im privaten Sektor. So wird auch in Wien der Gemeindebau zu dem Ort, wo man/frau einzieht, wenn keine andere Wohnung mehr leistbar ist.

6 Dass der Karl-Marx-Hof im bürgerlichen Bezirk Döbling errichtet werden konnte, weil es dort bereits ein großes Grundstück im kommunalen Eigentum gab, mag manche*r als rein pragmatisch verstehen. Politisch relevant ist nichtsdestoweniger die Tatsache, dass er dort tatsächlich errichtet wurde. Ein Grundstück zu haben heißt noch nicht, es mit einem nach Karl Marx benannten Hof zu besetzen. Und dass diese Wiese eben tatsächlich mit einem imposanten Großbau bebaut wurde, war den Christlich-Sozialen ein Dorn im Auge. Siehe Frei, Alfred Georg: *Rotes Wien*, Berlin, DVK 1984, S. 105f.

7 Frei, Alfred Georg: *Rotes Wien*, Berlin, DVK 1984, S. 86, und Weihsmann, Helmut: *Das Rote Wien*, Wien, Promedia 1985, S. 161.

sondern entwickelte diese nur weiter. Bis heute sind die Verfügbarkeit von Grund und Boden und die damit verbundene Preispolitik ein Grundproblem im Kontext der Arbeit an leistbarem Wohnungsbau. Viel mehr noch: Die explodierenden Bodenpreise zeitigen multiple Effekte. Städtischer Boden als Spekulationsobjekt für Wohnraum wirkt sich auf die gesamte Stadtentwicklung aus, also auch auf die Verfügbarkeit und Nutzbarkeit von urbanem Raum jenseits des Wohnens.

Die Verdrängung aus zentralem Wohnraum geht einher mit einer Verdrängung aus dem öffentlichen Raum – und zwar, weil Luxuswohnraum von exklusivem Freiraum umgeben sein will: ob im „Privately Owned Public Space" (POPS) oder im öffentlichen Raum, für den aus Gründen von Spardiktats-Politik vermeintlich Mittel fehlen. Frauen*, deren Privatraum aufgrund ihrer Prekarität gering ist, sehen sich mit einer weiteren Marginalisierung ihrer Bedürfnisse konfrontiert. Es fehlen etwa Barrierefreiheit, kostenloser Zugang zu Sanitärräumen und Unterstützung für Kinderbetreuung. Sie finden Freiräume vor, die sie aufgrund von fehlender Infrastruktur, von „hostile architecture" oder aber aufgrund von Distinktion und Exklusivität aktiv ausschließen.

Als feministische Postmarxistin leistet Silvia Federici heute wichtige Theoriearbeit in der Verknüpfung von Arbeits- und Genderfragen mit globaler Spekulation rund um Grund und Boden. Ihre Texte bilden daher im hier formulierten Kontext eine produktive Kritiklinie: Gemeinsam mit Nicole Cox verknüpfte Federici schon 1975 in *Counter-planning from the Kitchen* die Marginalisierung der reproduktiven Arbeit von Frauen* durch die progressive Politik mit dem Nord-Süd-Konflikt. Die „Strategy for Women" werde ebenso wie die „Strategy for the Third World" unter die notorischen „Nebenwidersprüche" entsorgt.[8]

Folgerichtig denken die beiden Proponentinnen der *Wages for Housework*-Bewegung also die feministische und die (post)koloniale Perspektive zusammen: „Both in the 'developed' and 'underdeveloped' countries, housework and the family on which it is centred are still the pillars of capitalist production."[9] Es ging der Bewegung nicht darum, gemäß kapitalistischer Logik für einen minimalen Lohn für Hausarbeit zu kämpfen, viel eher forcierte Federici die Konzeption *intersektionaler* Alternativen.[10] Der *Wages against Housework*-Diskurs kritisierte also nicht nur die kapitalistische Ökonomie, sondern auch die sozialistische Arbeitsplatzbeschaffungspolitik, die die Lohnarbeit fetischisiert: Es gehe eben nicht darum, dass Frauen* *auch* Zugang zu Billig-Jobs erhalten, auch nicht darum, dass Hausarbeit minimal bezahlt wird oder leichter gemacht wird, sondern dass kapitalistische Ausbeutung von Arbeiterinnen und Arbeitern (ob im Haushalt, in der Fabrik, im Stadtraum) generell abgeschafft wird. Ähnlich wie es darum geht, ungerechte Verteilung von (Wohn-)Raum generell zu bekämpfen und nicht nur architektonisch abzumildern.

8 Cox, Nicole; Federici, Silvia: *Counter-planning from the Kitchen*, New York, Falling Wall Press 1975, S. 3: „In the same way as they want to bring women to the factories, they want to carry factories to the Third World. In both cases, they presume that the 'under-developed'—those of us who are wageless and work at a lower technological level—are backward with respect to the 'real working class' and can catch up only by obtaining more advanced capitalist exploitation, a bigger share of the work of the factory. In both cases, then, the struggle the left offers to the wageless, the 'underdeveloped', is not a revolutionary struggle, a struggle against capital, but a struggle for capital, in a more rationalized, developed and productive form. In our case they offer us not only the 'right to work' (this they offer every worker), but the right to work more, the right to be further exploited."

9 Cox, Nicole; Federici, Silvia: *Counter-planning from the Kitchen*, New York, Falling Wall Press 1975, S. 25.

10 „[N]ot only is wages for housework a revolutionary perspective, but it is the only revolutionary perspective from a feminist viewpoint and ultimately for the entire working class." Federici, Silvia: *Wages against Housework*, Bristol 1975, S. 2.

↑ Auf der Suche nach dem Mittelweg: Installation zum öffentlichen Grünraum am Nordbahngelände in Wien von Gabu Heindl und Can Gülcü.

Nicht zuletzt wird die Fürsorgearbeit am städtischen Raum, der dem Kapital Investitionsterrain für sein Überschusskapital in Form von Betongold bietet, zu einem großen Teil von Frauen* geleistet, die aber in den Häusern, die sie warten, reinigen und begrünen, sich das eigene Wohnen nicht leisten können. Ausbeutung und Diskriminierung gehen im Rahmen dieser Stadtkonflikte Hand in Hand. Umso mehr müssen – und werden – feministische Kämpfe, FLINTA*-Kämpfe, migrantische Kämpfe, Klima- und Klassenkämpfe gemeinsam dagegenhalten.[11]

11 Teile dieses Texts finden sich in abgewandelter und erweiterter Form in: Heindl, Gabu: *Working Women Wohnen*, Wien (MA 50, Wohnbauforschung) 2020, und Heindl, Gabu: *Stadtkonflikte. Radikale Demokratie in Architektur und Stadtplanung*, Wien, Mandelbaum 2020.

Diverse Bausteine, diverse Stadt

Wojciech Czaja

Was im stadtpolitischen Raum geplant und beschlossen wird, muss von der Bau- und Immobilienbranche erst einmal umgesetzt werden. Doch wie weiblich ist die österreichische Immobilienwirtschaft wirklich? Und wie sensibel und genderinteressiert positionieren sich die darin tätigen Unternehmen? Ein Blick hinter die Kulissen.

Die britische Tageszeitung *The Guardian* widmete 2019 dem weiblichen Gesicht Wiens einen mehrseitigen Feuilleton-Artikel. „In the absence of measures to ensure different users' needs are taken into account, only those of the dominant group are served", schreibt Elle Hunt darin.[1] Doch in Wien sei vieles anders. Und nennt als Beispiel die Seestadt Aspern und die jahrzehntelange Arbeit der Wiener Stadtplanerin und Gender-Expertin Eva Kail[2], die mit der Gründung des Frauenbüros 1992 einen riesigen Felsbrocken ins Rollen gebracht hat: „Aspern specifically takes into account women and their needs. In this way it embodies a unique approach to urban planning that began shaping Vienna 30 years ago."

Die spanische Zeitung *El País* wiederum bezeichnet Wien als „el éxito del urbanismo feminista"[3], als Erfolgsbeispiel eines feministischen Urbanismus, und holt einige Stadtplanungsprojekte, die maßgeblich mit weiblicher Power realisiert wurden, vor den Vorhang. Neben der Seestadt Aspern sind dies etwa die Frauen-Werk-Stadt (1991), die erstmals in der Geschichte Wiens ausschließlich von weiblichen Architekturschaffenden geplant und errichtet wurde, sowie die Mariahilfer Straße, die in der Amtszeit der ehemaligen Wiener Planungsstadträtin Maria Vassilakou 2014/15 unter teils heftigen Protesten von Anrainerinnen und Geschäftstreibenden in eine Fußgänger- und Begegnungszone umgebaut wurde. Heute gilt die verkehrsberuhigte Einkaufsmeile zu den beliebtesten öffentlichen Freiräumen der Wienerinnen und Wiener.

In der Lehre, in der Forschung und auch in der kulturellen Rezeption, so scheint es, hat sich das Gesicht der Architektur und Stadtplanungspolitik massiv verändert. Es ist diverser, weiblicher, pluralistischer geworden. Zahlreiche Projektbeispiele und Protagonistinnen – die in diesem Buch versammelten Essayistinnen und Interview-Partnerinnen sind ein kleiner Querschnitt durch die stetig voranschreitende Revolution – liefern den Beweis dafür. Doch wie sieht es hinter den Kulissen aus? Wie weiblich ist die österreichische Immobilienwirtschaft? Und wie sensibel und genderinteressiert präsentieren sich die tatsächlich realisierten Wohnbauprojekte?

1 Hunt, Elle: *City with a female face: how modern Vienna was shaped by women*, in: *The Guardian*, 14. Mai 2019 (https://www.theguardian.com/cities/2019/may/14/city-with-a-female-face-how-modern-vienna-was-shaped-by-women).

2 Siehe auch das Interview mit Eva Kail, S. 50.

3 León, Pablo: *Viena, el éxito del urbanismo feminista*, in: *El País*, 30. Mai 2021 (https://elpais.com/eps/2021-05-29/urbanismo-feminista-ciudad-feliz.html).

↑ Eine Bühne für alle: Die Wiener Landschaftsarchitektin Carla Lo revitalisierte die alte Kaiserbadschleuse am Donaukanal und errichtete diverse Holzpodeste zum Sitzen, Liegen, Posieren.

Gender-Stadt auf Quartiersebene

„Mit innovativen Projekten wie etwa der Frauen-Werk-Stadt, dem Frauenwohnprojekt [ro*sa], dem Que[e]rbau[4] in der Seestadt Aspern und einigen geförderten, gemeinnützigen Wohnkonzepten für Alleinerziehende, Patchwork-Familien und Menschen in finanziell prekären Situationen traue ich mich zu sagen, dass Wien international die Nase vorn hat", sagt Isabella Jandl, Prokuristin im Wohnservice Wien, das 2000 gegründet wurde, um geförderte Wohnungen zu vergeben und Wohnungssuchende mit Beratung und Service-Leistungen zu unterstützen.

„Und auch auf der Quartiersebene erkenne ich deutliche Veränderungen, was die Berücksichtigung von Gender-Aspekten betrifft. Das bezieht sich auf Komfort, kurze Wege, subjektive Sicherheit, Barrierefreiheit, engmaschige Netze für Nahversorgung, soziale Infrastruktur und Haltestellen im öffentlichen Verkehr, aber natürlich auch auf eine funktionale und attraktive Gestaltung des öffentlichen Raums mit Grün, mit Spielplätzen, mit beschatteten Sitzmöglichkeiten. „All diese Aspekte", sagt Jandl, „gilt es auch weiterhin zu stärken, denn ich erachte es als unsere Aufgabe, vulnerable und bislang vernachlässigte Nutzer*innengruppen zu unterstützen."

Auch Evelyn Susanne Ernst-Kirchmayr, die mit ihrem Consulting-Unternehmen Die Ernst auf die Wechselwirkungen zwischen Baurecht, Raumplanung und Immobilienentwicklung spezialisiert ist, kann diese Entwicklung bestätigen: „In meinen Studienzeiten in den Achtzigerjahren waren Planer, Entwickler, Finanzierer, Behörden und Professoren alle männlich, und es gab nur wenige Studentinnen. In der Zwischenzeit hat sich die Situation in dieser immer noch männlich dominierten Branche deutlich verändert. Und wenn Frauen planen und ermöglichen, dann planen sie anders und ermöglichen Anderes. Das zeigt sich nicht nur in zahlreichen realisierten Wohnprojekten, sondern beginnt schon bei der Standortanalyse und umfasst beispielsweise auch die Gestaltung von öffentlichen Freiräumen."

4 Die Schreibweise der Projekte entspricht der medial transportierten Corporate Identity.

Als Beispiel nennt die ausgebildete Landschaftsarchitektin etwa Parks und Innenhöfe, in denen zwischen stadttauglicher Begrünung zunehmend auch ausgefalleneres Stadtmobiliar zu finden ist – etwa Hängematten, hölzerne Liegeplattformen oder Fußball- und Basketball-Käfige, die aus Sicherheitsgründen gut beleuchtet und mit mehreren Eingängen ausgestattet sind, sodass in unangenehmen Situationen jederzeit eine Flucht möglich ist. Zu den aktuell spannendsten Projekten zählt sie die *Mädchenbühne* am Reumannplatz in Wien-Favoriten, ein mit Bänken eingefasstes Podest, das Mädchen vorbehalten ist und das von einem ganzjährigen Bespielungsprogramm begleitet wird. Realisiert wurde dieses Projekt in Zusammenarbeit mit der Gebietsbetreuung und der *Lokalen Agenda 21*, die sich vor allem mit der Förderung und Durchführung von Bürgerbeteiligungsprozessen befasst.

→

Eine Bühne für Mädchen: Bauaktion mit Schülerinnen der Volksschule Klausenburger Straße am 10. Juni 2021 am neu gestalteten Reumannplatz in Wien-Favoriten.

Es fehlen messbare Kriterien

„Im Wohnbau erarbeiten wir uns zunehmend messbare Faktoren für Lebensqualität, Lebenszufriedenheit und Lebenszykluskosten", erklärt Ernst-Kirchmayr. „Politik und Immobilienwirtschaft haben viel interdisziplinäres Wissen zusammengetragen, um die bislang realisierten Best-Practice-Projekte zu evaluieren und daraus neue Qualitätsstandards abzuleiten – insbesondere im geförderten Wohnbau. In der Gestaltung von öffentlichen und wohnprojektbezogenen Freiräumen jedoch müssen entsprechende Qualitätskriterien erst noch entwickelt werden."

Bislang, so die Expertin, müsse der Erfolg von gendergerechten Freiraumqualitäten im Einzelfall erarbeitet werden. „Gemeinsam mit Wohnbauträgern und Investoren prüfen und entwickeln wir viele Liegenschaften, und ja, das Kosten-Nutzen-Verhältnis ist für Entwickler schlicht und einfach der eine entscheidende Faktor. Als alleinige Frau in einer Projektentwicklung ist es ziemlich schwer, Gender-Themen durchzubringen, die zwar relevant, aber nicht immer direkt bewertbar sind. Doch sobald ich innerhalb des Teams auf weitere weibliche Unterstützung zurückgreifen kann, ob nun auf Seiten von Technik, Behörde oder Immobilienentwicklung", sagt Evelyn Susanne Ernst-Kirchmayr, „steigt die Sensibilität signifikant an – und damit auch die Chance auf Umsetzung."

Und wie nehmen Bauträgerinnen und Immobilienentwicklerinnen die aktuelle Situation in Bezug auf Gender-Mainstreaming wahr? „Ich mag diese Diskussion nicht", meint Cilli Wiltschko, Prokuristin und Leiterin für den Bereich Projektentwicklung in der Wohnbauvereinigung für Privatangestellte (WBV-GPA), „aber zugleich muss ich anerkennen, dass die Sache noch lange nicht ausdiskutiert ist. Noch ist die Branche zum überwiegenden Teil in männlicher Hand, und natürlich dominiert aus diesem Grund auch eine männliche Entscheidungskultur." Was das ist? „Im Regelfall beobachte ich, dass in dieser Branche der größte gemeinsame Nenner angestrebt wird", so Wiltschko, „also eine Lösung,

die möglichst allen möglichst nicht missfällt. Doch gendergerechte Planungs- und Entscheidungsprozesse sehen anders aus. Da kann es schon einmal passieren, dass die optimale Lösung auch einmal aneckt und zwischen den unterschiedlichen Interessengruppen eine Diskussion auslöst."

Superblocks mit Ecken und Kanten

Wirft man einen Blick in die Geschichte und Gegenwart europäischer Architektur und Stadtplanung, meint die Projektentwicklerin, so finde man unzählige kommunalpolitische und immobilienwirtschaftliche Entscheidungen, die zu Beginn auf großen Widerstand gestoßen seien – sich im Nachhinein aber als wegweisend herausgestellt hätten. „Ich denke an Silja Tillners Revitalisierung der Wiener Stadtbahnbögen, weil sie es geschafft hat, aus einer städtebaulichen Brache einen attraktiven Ort zu machen, aber auch an die Superblocks in Barcelona oder an die rigorose Stadtplanungspolitik der Pariser Bürgermeistern Anne Hidalgo, die Stadtstrände und Fußgängerzonen anlegt, die die Flächenressourcen für Autos sukzessive reduziert und die flächendeckend in der ganzen Stadt jetzt sogar Tempo 30 ausgerufen hat. Solche Entscheidungen braucht es."

Wie der Anteil an weiblichen Planungs-, Führung- und Entscheidungskräften nach oben korrigiert werden kann, beschäftigt Isabella Stickler, Obfrau des gemeinnützigen Bauträgers Alpenland, Niederösterreich, sowie Vorsitzende von *Netzwert*[5], eines Frauennetzwerks in der gemeinnützigen Wohnungswirtschaft. „Männer und Frauen können in unterschiedliche Projekte, aber natürlich auch in die Unternehmenskultur jeweils unterschiedliche Werte und Sichtweisen einbringen, und diese Vielfalt und Heterogenität ist nicht nur wichtig und notwendig, sondern auch ein wesentlicher Erfolgsfaktor jedes Unternehmens."

5 *Netzwert – Die Kraft der Verstärkung* (https://netzwert.at/).

→

Die Stadt als öffentliches Wohnzimmer für alle. Einer von vielen Alltagen in der Seestadt Aspern in Wien.

← Welche Auswirkung hat die aktuelle Gender-Diskussion auf den Wiener Wohnbau? Auf dem Lebenscampus Wolfganggasse in Wien-Meidling planen die beiden Bauträger WBV-GPA und Neues Leben Wohnungen für Alleinerziehende. Architektur: M&S und Gerner Gerner plus.

Österreich am vorletzten Platz

Noch sieht die Situation allerdings anders aus: Im EU-Schnitt liegt die weibliche Repräsentanz auf der Vorstandsebene bei börsenorientierten Unternehmen laut dem *Frauen.Management.Report.2021* der AK Wien[6] bei 19,3 Prozent. Österreich belegt mit 7,6 Prozent lediglich den vorletzten Platz auf der Liste. Unter den Top-200-Unternehmen beträgt er „immerhin" neun Prozent. „Damit sind wir von der viel zitierten Gleichstellung noch ein ganzes Stück entfernt", sagt Stickler. „Die gläserne Decke für Frauen ist meist das Top-Management. Und ja, das ist ein genderpolitisches Armutszeugnis."

Um diesen Umstand zu beheben, hat sich die Alpenland verpflichtet, den Corporate Governance Kodex (CGK) für gemeinnützige Bauvereinigungen in Österreich, der Anfang 2021 in Kraft getreten ist und eine transparente, nachhaltige und verantwortungsvolle Unternehmensführung vorschreibt, im eigenen Unternehmen noch strenger auszulegen, als dies im Kodex gefordert ist. Stickler: „Schon seit vielen Jahren haben wir bei uns im Haus interne Spielregeln und Benchmarks definiert, was etwa Controlling, Finanzgebarung, Diversität, Frauenquote und Genderaspekte betrifft. All das halten wir auch in unserem jährlichen CGK-Bericht fest." Für ihr Engagement wurde die Alpenland zuletzt mit dem Gütesiegel *equalitA*[7] ausgezeichnet.

Mit der Förderung, Stärkung und Vernetzung von Frauen in der Bau- und Immobilienwirtschaft beschäftigt sich auch der 2010 ins Leben gerufene *Salon Real*[8]. Der Verein mit derzeit rund 170 weiblichen Mitgliedern organisiert Vorträge, Themen-Workshops und mehrtägige Exkursionen ins In- und Ausland und möchte die Vernetzung von Frauen im mittleren und oberen Management innerhalb der Bau- und Immobilienbranche stärken. „Langsam, sehr langsam, aber doch mit einiger Beständigkeit gelangen Frauen nun auch in höhere Etagen hinauf", sagt Ingrid Fitzek-Unterberger, Obfrau des *Salon Real*. „Aber es gibt noch genug Luft nach oben. Wir sind noch nicht knapp vor einem glücklichen Ende."

6 Haager, Theresa; Wieser, Christina: *Frauen.Management. Report.2021. Eine Geschlechterquote für den Vorstand*, Kammer für Arbeiter und Angestellte für Wien, S. 2.

7 Das Gütesiegel für innerbetriebliche Frauen förderung wurde 2020 vom Bundesministerium für Digitalisierung und Wirtschaftsstandort eingeführt und versteht sich als Zeichen für Chancengerechtigkeit, Gleichstellung, Fairness und innovative Fördermaßnahmen (https://www. bmdw. gv.at/ Themen/ Wirtschaftsstandort-Oesterreich/equalitA.html).

8 *Salon Real – Das Netzwerk für Frauen in der Immobilienwirtschaft* (http://www.salonreal. at/).

Auf der Suche nach Diversität

Vorbilder für die Aktivität des *Salon Real* sind in Skandinavien zu finden. Vor allem in Schweden, Norwegen und Dänemark begegne man regelmäßig überzeugenden Lösungen, in denen Gebäudeerrichtung, Office-Gestaltung, Führungsstil und Berücksichtigung von Gender-Anforderungen Hand in Hand gehen. „Karriere und Familie sind in diesen Ländern keine Entweder-oder-Option", sagt Fitzek-Unterberger, „sondern lassen sich aufgrund einer entsprechend sensiblen Berücksichtigung in der Wirtschaftswelt gut miteinander kombinieren."

Davon hat sich nun auch der gewerbliche Bauträger Buwog inspirieren lassen: Um Vätern und Müttern mit Kindern nach der Karenz den Wiedereinstieg in den Berufsalltag zu erleichtern oder im Fall von Terminkollisionen das Kind ins Büro mitnehmen zu können, wurde in der neuen Unternehmenszentrale in der Rathausstraße eigens ein „Eltern-Kind-Space" eingerichtet. Das Büro im ersten Stock beinhaltet zwei reguläre Arbeitsplätze sowie einen Kinderspielbereich mit Puppen, Stofftieren, Bauklötzen, Comic-Heften und Playstation – ein kleiner Schritt auf Spielzeugebene, ein großer Schritt für ein neues Selbstverständnis innerhalb der Branche.

Die Entwicklungen in der heimischen Immobilienwirtschaft, die vor allem von Frauen vorangetrieben werden, sind nicht nur softe Faktoren, sondern haben Niederschlag in knallharten Wirtschaftszahlen. Eine im Mai 2020 veröffentlichte Studie von McKinsey & Company befasst sich mit den Zusammenhängen zwischen Diversität, Krisenresilienz und wirtschaftlicher Prosperität. Und kommt nach der Analyse von über 1.000 Unternehmen in 15 Ländern zum Schluss: „Our latest analysis reaffirms the strong business case for both gender diversity and ethnic and cultural diversity in corporate leadership—and shows that this business case continues to strengthen. The most diverse companies are now more likely than ever to outperform non-diverse companies on profitability."[9] Bis diese Erkenntnis auf breiter Ebene Anwendung findet, müssen noch einige Bausteine zurechtgerückt werden.

9 Dixon-Fyle, Sundiatu; Dolan, Kevin; Hunt, Vivian; Prince, Sara: *Diversity wins. How inclusion matters, McKinsey & Company*, May 2020 (siehe auch: https://www.mckinsey.de/news/presse/2020-05-19-diversity-wins).

Seeing the City Through a Data Feminism Lens?

Katja Schechtner

Looking at a city is the first step in planning for a city. Sets of big data offer an opportunity to understand our cities and how people interact with them at scale. But to what extent does this data reflect women's urban lives and experiences?

In his seminal book *City of Bits*[1] Bill Mitchell argued that, as ubiquitous technologies are changing our experience of the city the mental image of the city has become more complex. He predicted that we would access some of these informational infrastructures via electronically extended bodies.

Thus, when we look at cities today, we not only see the built environment, but are able to perceive layers of networks via digital apps, interactive visualizations, and sometimes even augmented reality tools: we see infrastructure networks composed of pipes, cables and switches that guarantee the flow of goods and networks of relationships between people, linked via countless planned and random daily encounters. And, finally, if we look closely enough, we might notice a faint, placeless network of data that seems to permeate the cities of today.

Seeing the city through data

Architects traditionally have a very physical understanding of the city. But even for them, their vision of a new building first evolves based on data – on minimum data about the site and the intended function and prospective users of the building. This data is often encoded in plans and maps of the city. Maps that show what was considered relevant at the time of their making – or what became relevant because of the data's first visualization in those maps. They created a new lens for looking at the city.

In 1854, John Snow's London cholera map[2] showed the number of deaths per building as well as the location of the water sources. It created new visual links, clearly depicting the high number of deaths in households that collected their water from the Broad Street pump. Until his map provided overwhelming visual evidence, it was not believed that cholera could be transmitted via water sources. His visualizations had an enduring influence – not only for Londoners, whose water supply was subsequently cleaned up, but also because he created a new tool to communicate information about the hitherto invisible relationships between a city's infrastructure and its inhabitants.

1 William J. Mitchell, *City of Bits*, (Cambridge, MA, MIT Press, 1995), p. 165.

2 John Snow, *On the Mode of Communication of Cholera*, (London, C.F. Cheffins, 1854), p. 58.

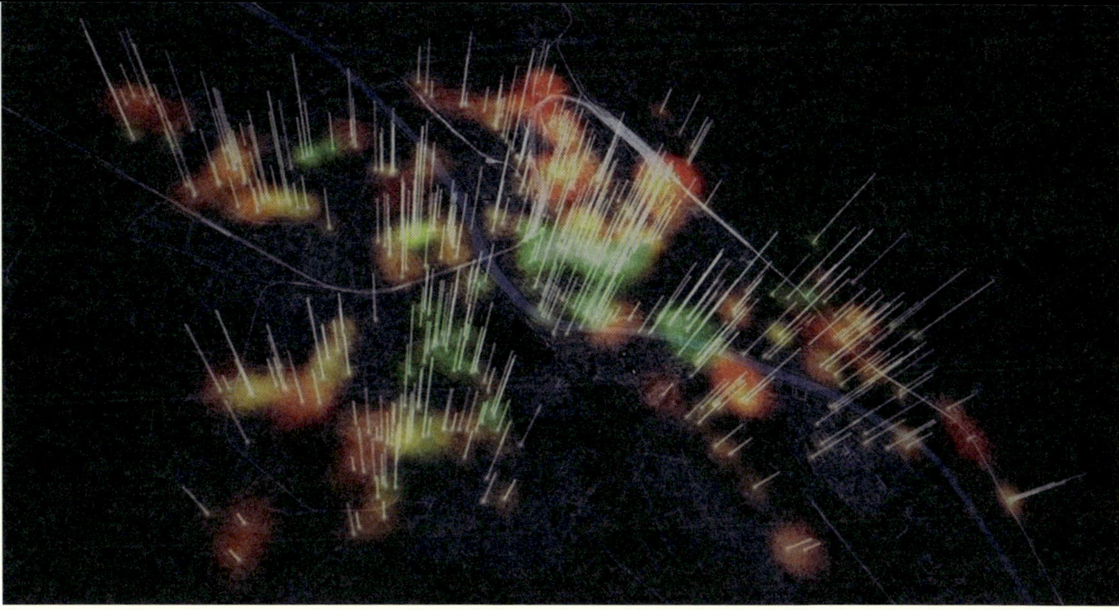

↑ A visualization of the *Place Pulse* data for Salzburg, Austria, by Mauro Martino, Anthony DeVincenzi and Phil Salesses. The color green corresponds to perceptions of safety while red corresponds to perceptions of unsafety. The height of the bars represents the amount of votes collected for each point.

Fast forward to the twenty-first century and the growing interest in the ideas, opinions and feelings of the individual citizen, her social connections and how she interacts with her surroundings every minute of the day. Social media data with their geotagged and contextually situated information are a seemingly boundless data source that feeds this interest, especially in an urban context. It offers us an opportunity to learn not only about the relationships between citizens, but also about their relationship with their city and, specifically, about how people feel about these relationships at any given moment.

In 2010, Sarah Williams analyzed social media data that allowed people to geotag their daily explorations of New York City. She found that app users not only registered what they were doing where but were also eager to show what they were feeling there. Apparently, many a New Yorker's "Hell" was just slightly north of the United Nations Building on the Upper East Side, while the "Apocalypse" was still waiting to happen south of it. Williams had initially not intended to create a psychological map of the city, but "we had set out to show whether certain civic applications of social media were failing to address the needs of the city's marginalized populations. What we found was that all socio-economic classes in New York City use social media to broadcast information about the places they visit, and, when they do so, they tell us about the economy and emotions of the city itself."[3]

Her visualizations of this data created a cognitive map of the city that showed the collective psychology of social media users. With it she created one of the first big data lenses, which revealed that the virtual city is intrinsically connected with the real city through people's emotions.

3 Sarah Williams, *Here Now! Social Media and the Psychological City*, in: *Inscribing a Square, Urban Data as Public Space*, ed. Katja Schechtner and Dietmar Offenhuber (New York, Springer, 2012), p. 88–92.

Seeing cities like a human? Like a computer? Like a human?

Place Pulse[4], a 2012 project at MIT Media Lab, went a step further and aimed at visualizing city-dwellers' subconscious judgements of a variety of places in a city. The researchers developed a tool which, using *Google Street View* images, extracts people's perceptions of city streets and turns them into quantitative measurements. Users are presented with two pictures side by side and are asked questions such as "Which place looks safer?", "Which place looks more upper-class?" or "Which place looks more unique?"

As users vote on the photographs a clear statistical ranking for each image and therefore search location emerges. By comparing this ranking with data sets on homicide and sexual transmitted diseases the researchers showed that the locations that ranked lower on the safety question did indeed have higher rates of crime and sexually transmitted diseases – evidence that the way people simply feel about a picture of a city they might never even have visited reveals how safe it is to walk down or live in a particular city street. Thus, the researchers were able to create maps that convert people's perception of streets into a quantitative benchmark for measuring fuzzy qualities like how safe, how rich, how unique a place feels.

But what if a computer could learn how to feel the city the same way people do? Even though online participation can give us hundreds of thousands of people voting on images, it still is not possible to assess the millions of images of city streets available. Therefore, in a follow up project called *StreetScore*[5], Nikhil Naik trained a computer to predict how humans will feel about any picture of a street.

He used "image features" – abstract representations of an image that encodes information on the colors, textures, and shapes found in the image, such as the greenness of the grass, the roughness of the streets, and the angles of the rooflines to train a predictor that quantifies the contribution of a specific image feature to the perception of safety. Trained with the original data set of human-labeled perceived safety, the researchers developed a tool that generates relatively accurate maps of the appearance of different cities the way humans would see them. We now had an Artificial Intelligence that could feel about a city and any corner of it the same way humans would.

Yes, your computer is scared in a dark alley, too – but is it a girl or a boy?

What was lacking for a long time was a feminist data lens for looking at the city. As Catherine D'Ignazio and Lauren F. Klein point out in their recent book, *Data Feminism*[6], little data is available about the female perspective of the world. This lack is reflected not only in the maps and visualizations available but also in the small number of women who participate in the collection, analysis, and communication of data.

4 Philip Salesses, Katja Schechtner, César A. Hidalgo, *The Collaborative Image of The City: Mapping the Inequality of Urban Perception*, in: *PLoS ONE*, 2013.

5 Nikhil Naik, Jade Philipoom, Ramesh Raskar and Cesar Hidalgo, *Streetscore, Predicting the Perceived Safety of One Million Streetscapes*, in: *IEEE Conference on Computer Vision and Pattern Recognition Workshops*, (2014), p. 793–99.

6 Catherine D'Ignazio and Lauren F. Klein, *Data Feminism*, (Cambridge MA, MIT Press, 2020).

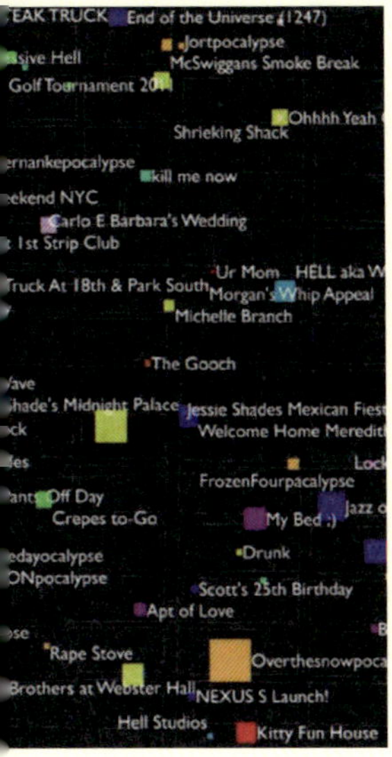

↑ A detail of Midtown Manhattan showing Foursquare check-ins corresponding to real and imaginary places visualized by Sarah Williams.

Of the data sets used for the projects described above, we know that 56% of Facebook users are male, while 64% of *Foursquare*[7] users and more than two-thirds of the people who participated in *Place Pulse* self-identified as men. This relationship is even more skewed in data sets that we use daily as urban planners, because they seem to be an objective description of the physical city: *OpenStreetMap* (*OSM*), for instance, is a crowdsourced version of cities across the globe. But in 2019 *GeoJournal* estimated that women account for only 13 percent of the 1.4 million people who globally add information to the database.

The volunteer data providers log data about the things they see in cities: roads, parking places, shops, banks and other places they find interesting. *Geochicas* – a collective of women OSM mappers established in 2016 – conversely realized that women tend to add services that are overlooked by a male-dominated gaze and are thus missing from the maps: toilets, hospitals, childcare services, well-lit parks etc.

As *Geochicas* co-founder Celine Jacquin said: "The maps are also the basis of urban design. So, if we don't have things that women care about on the map, we won't have those things in the urban design".[8] How a computer is trained to see has a real life impact on access to both virtual and real-life services.

AI, Ain't I A Woman?[9]

Joy Buolamwini analyzed the commercially available facial recognition software of three companies – IBM, Microsoft, and Face++ – that offer gender classification. In her project *GenderShades* she showed that all companies perform better on males than females with a 8.1 to 20.6% difference in error rates. When combined with ethnically diverse skin shades IBM had a staggering error rate of 34.4% between lighter skin tone men to darker females. One reason for this was the reliance on a publicly available benchmark training data set called *Faces in the Wild* that contained images composed of 70% male and 80% white people. Joy's work had shown that AI systems learn to make decisions based on training data that may contain skewed human decisions or that represent – and thus perpetuate – historical or social inequities, including the invisibility of women's urban lives and experiences in a world that already had more than 700 million surveillance cameras watching our cities in 2020.

Looking at a city is the first step in planning for a city. If the lenses we look through are systemically blind to women and their needs, the risk is that the (subconscious) bias of a white male view of our world will be perpetuated and scaled to an algorithmically encoded bias. Catherine D'Ignazio and Lauren F. Klein state: "Part of data feminism is recognizing when feminism happens." I claim that part of urban feminism is recognizing when we – and our electronically extended bodies – fail to even see the women.

7 *Foursquare* was a popular social media app in the early 2010s that enabled users to share their location with friends via "check ins".

8 Anastasia Moloney for Thomson Reuters Foundation, https://www.reuters.com/article/global-women-tech-idINL8N2AY7DZ, 2020.

9 Joy Buolamwini, *AI, Ain't I A Woman?* shows AI failures with the faces of iconic women like Oprah Winfrey, Michelle Obama, and Serena Williams. Algorithmic Justice League, https://www.youtube.com/watch?v=HZxV9w2o0FM&ab_channel=HarvardUniversity, 2019.

The Role of Community-Organized Public Spaces in Creating Resilient Cities
Two Public Art Projects in London and Soweto

Marjetica Potrč

° 1953, is an artist and architect based in Ljubljana, Slovenia. Her interdisciplinary practice has developed at the intersection of visual art, architecture, and social science. Her work has been exhibited extensively throughout Europe and the Americas. From 2011 to 2018, she was professor of social practice at the University of Fine Arts / HFBK in Hamburg.

The two public art projects *Of Soil and Water: The King's Cross Pond Club* (2015–16) in London, and *The Soweto Project* (2014) in Soweto, South Africa, each resulted in the respective community's self-organization and agency in participatory governance. Projects became laboratories in which local communities developed and tested ideas, shared and exchanged knowledge. They articulated new values and new operational knowledge which responded to the need for resilient cities in the twenty-first century, while standing apart from the neoliberal social and economic consensus.

Of Soil and Water: The King's Cross Pond Club, created on the construction site of the King's Cross Central development in central London, was a micro-ecological environment that featured a natural swimming pond at its center. It was a collaboration with Eva Pfannes and Sylvain Hartenberg, the Rotterdam-based Ooze architects. *The Soweto Project* was a community-based participatory project in which my students and I worked in collaboration with the local community in the Orlando East neighborhood of Soweto to create a local park. Realized around the same time but under very different conditions, both projects were about creating new forms of public space. In Soweto, this was, from the outset, a public space that would be organized and maintained by the local community; in London, however, this was not an explicit part of our original project but rather, without our involvement and after the project closed, it became what the users of the swimming pond themselves envisioned and fought for.

Of Soil and Water: King's Cross Pond Club

The underlying design aim behind *Of Soil and Water: King's Cross Pond Club* project was to challenge the idea that the value of land is equal to its value as real estate – an idea that gained strength in the neoliberal era. Instead, we proposed a set of values centered on nature, biodiversity and the users' relationship with the land, a relationship based on interdependence between humans and nature and the notion of stewardship. When, at the end of the project, the local residents organized a petition to keep the swimming pond going, these became truly public values.

↑ *The King's Cross Pond* in London was built in 2015 and served as a large-scale urban advertisement for the real estate developers during the construction period. At the same time, it gave the citizens an all-season outdoor swimming pool.

The *Save KX Pond* petition gathered more than 5,300 signatures without us being in any way involved. The core group behind the campaign initiated a number of steps to keep the project alive. First, they requested that the status of the project be changed from temporary to permanent. When their request was refused because the continued presence of the pond could not be reconciled with the developer's plans for construction, they asked that the project be moved to a different location in London. When this proved impossible, they argued that the project had become an integral part of London's Green Belt and asked that its biodiverse ecosystem be preserved at a different location. Most significantly, they made a plan to reorganize the project as a community-run public space, a new form of public space built on the underlying values of the original project.

The petition thus created awareness of a new kind of public space in the very heart of London. At the same time, it raises questions. Were the organizers of the *Save KX Pond* campaign talking about the collective ownership of land? Was this an expression of stewardship in a country that has historically excelled in fencing off land and formalizing the private ownership of these enclosures, a process that has only accelerated the decline of land held in common? Or is community-organized and maintained public space a new phenomenon, in the spirit of social property rather than public property? From this perspective, social ownership may be seen as the promise of the near future, while public ownership is an echo of the modernist and neoliberal past, which is no longer taken as an absolute.

→

Foundation works for a new future: public space is not a given, it is a cultural construction.

The Soweto Project

The Soweto Project was a community-based participatory project in Soweto, South Africa by students of the Design for the Living World class (HFBK Hamburg). For two and a half months students lived and worked with local residents to transform a derelict public space into a space that would be organized and maintained by the local community. By exchanging knowledge with our local collaborators we created new knowledge that freed us from the standardized knowledge of the modernist discourse. This new knowledge became the basis for creating new methodologies and tools of engagement for participatory practices. Key methods included the relational object, the ritual of transition, marking the territory, placemaking, performative action, and the act of naming.

The residents of the Orlando East neighborhood were faced with a degraded public space that held no value for them; quite the opposite, it was part of the legacy of apartheid. In addition, they were dealing with the idea that open public spaces represent an open democratic society, a concept derived from a modernist discourse that was alien to them. Indeed, they had to construct a new meaning for public space entirely from scratch. In response, they reclaimed the space as a collective space, forming a committee that supported and promoted the values of the common good: the security and maintenance of the space, a place for art and culture, urban agriculture and a playground for children.

One example of the challenges faced by residents in transforming derelict space into a community-organized public space related to the question of security. What makes a public space safe – fences or people? In the modernist tradition, people are the best protection. An open space that is accessible and available to all signifies an open and democratic society. This was the argument my students made, but the local residents had a different idea: they wanted a three-meter-high fence topped by barbed wire with a person delegated to hold the key to the gate. For them, the security of a public space is guaranteed by a strong fence that keeps out intruders. After long discussions, we reached a compromise: a half-meter-high fence that a person could easily step over but that would, nevertheless, demarcate the public space. This would be a territory that was their particular responsibility, but they would also share it with others.

The discussions related to the fence showed us that in Soweto the meaning of the public space and its rules of engagement still had to be created, a process that began when the community took ownership of the space as a collective space. My students and I, however, took for granted the protocols embedded in Western public space with which we were familiar. We were predisposed to think that everyone understands public space the same way we do. But we learned from the project that the notion of public space is not a given – it is a cultural construction.

Conclusion

The two public art projects are case studies that point to the decline of public space in cities and the erosion of its meaning, while illustrating the creation, or reestablishment, of new meaning in urban communities. To conclude: it is important to regain trust in collective decision-making. Here I am referring not only to the trust placed by the local participants in community-organized projects, but also to the need for policymakers and local governments to trust participatory projects as tools that communities can use to build more resilient cities. In both projects, the community-organized public space serves as a laboratory for defining what "public" means and, accordingly, what a public space means.

← The residents of the Orlando East neighborhood were faced with a degraded public space that was of no value to the neighborhood. Eventually, the site was upgraded through close collaboration between students and the local population.

„Es geht um das Aufbrechen einer westlichen Perspektive“

Was haben Stadtplanungskultur, Pritzker-Preise und die deutsche Krimiserie *Tatort* gemein? Ein Gespräch mit Angelika Fitz, Direktorin des Architekturzentrum Wien, die mit ihrem Programm unseren Blick auf die Stadt überdenken will.

Zaha Hadid sagte vor vielen Jahren: „Als Frau in der Architektur ist man immer eine Außenseiterin. Aber das ist okay, ich mag es, am Rand zu stehen.“ Ist Hadids Einschätzung heute noch aktuell?

Fitz: Es gibt zwar viele Frauen, die in Partnerschaft ein Büro führen, aber als alleinige Frau an der Spitze beziehungsweise in der Geschäftsführung ist man heute immer noch eine Ausnahme. Hadids Aussage ist nach wie vor aktuell. Und auch mit einem Blick auf die Architekturmuseen: Monografische Ausstellungen zu Architektinnen, die es in den letzten Jahren zu sehen gab, kann man nicht an zwei Händen, die kann man an einer Hand abzählen!

Wie positioniert sich da das Architekturzentrum Wien?

Fitz: Das Az W ist meines Wissens derzeit das einzige Architekturmuseum weltweit, das ganz bewusst regelmäßig Einzelausstellungen mit herausragenden Architektinnen macht. Es ist dezidiert mein Ziel, die Sichtbarkeit von Frauen in der Architektur zu stärken.

Wie sieht die Situation bei Stadtplanerinnen und Städtebauerinnen aus?

Fitz: Das muss man differenzieren. In der klassischen Stadtplanung sind Frauen wie in der Architektur stark in der Minderzahl. Doch dann gibt es die Soft-Skills-Facette der Stadtplanung, wie etwa Soziologie, Partizipation, Planung mit BürgerInnengruppen: Hier sind Frauen stärker präsent – und zwar nicht erst heute, sondern schon seit den Sechziger- und Siebzigerjahren.

Angelika Fitz

° 1967, ist seit 2017 Direktorin des Architekturzentrum Wien. Zuvor war sie bereits international als Kuratorin, Autorin und Vortragende im Bereich Architektur und Urbanismus tätig. Zahlreiche Ausstellungen und Publikationen, zuletzt u. a. *Downtown Denise Scott Brown* (Az W 2018) und *Critical Care* (Az W 2019, mit Elke Krasny).

Wie ist das heute?

Fitz: Auch nicht grundlegend anders. Ich wundere mich zum Beispiel immer wieder, wie wenige Frauen nicht nur in den großen Bauunternehmen, sondern auch in den Wohnbaugenossenschaften im Vorstand und in den Geschäftsführungen sitzen. Die Immobilienwirtschaft liegt nach wie vor in männlicher Hand. Dabei ist es möglich, überall gute Expertinnen zu finden. Im Az W gelingt uns das ständig.

2018 war im Az W die Ausstellung *Downtown Denise Scott Brown* zu sehen. Sie widmete sich jener Architektin, Stadtplanerin und Theoretikerin an der Seite des US-amerikanischen Architekten Robert Venturi, die bei der Pritzker-Preis-Vergabe 1991 übergangen worden war. War die Ausstellung, die Sie mitkuratiert haben, eine Korrektur der Missverhältnisse, eine Art Wiederherstellung der Kräfte?

Fitz: Erstens haben wir diese Ausstellung gemacht, weil Denise Scott Brown eine ungemein wichtige Architektin, Stadtplanerin, Theoretikerin und Lehrende ist, die die Architekturgeschichte maßgebend mitgeprägt hat. Und zweitens ist ihre mangelnde Bekanntheit wirklich unglaublich. Hier haben wir mit der Ausstellung und dem gleichnamigen Buch hoffentlich etwas korrigieren können. Sie ist eine der frühen Frauen, die sich in der Architekturtheorie und -praxis schon seit den 1960er- und 1970er-Jahren massiv einbringt und die Art und Weise, wie wir heute Stadt denken und planen, entscheidend beeinflusst hat. Außerdem betätigt sie sich als Aktivistin für eine sozial gerechte und menschengerechte Stadt. Aufgewachsen in Südafrika zur Zeit des Apartheid-Regimes, war sie, als sie Ende der 1950er-Jahre in die USA kam, erstaunt und empört über den auch dort herrschenden Rassismus.

1991 wird ihr Partner Robert Venturi mit dem Pritzker-Preis ausgezeichnet. Mit der Ausklammerung ihres Beitrags erfährt auch sie persönlich Ungerechtigkeit und Ignoranz.

↑ Denise Scott Browns Arbeit wurde oft missverstanden und marginalisiert. Die Ausstellung *Downtown Denise Scott Brown* (2018/19) hat den wertvollen Beitrag der aus Südafrika stammenden Architektin in den Mittelpunkt gerückt.

Fitz: Robert Venturi hat den Preis unter Protest entgegengenommen! Zwar hatten die beiden damals diskutiert, den Preis zu verweigern, aber sicher spielte hier auch die Pragmatik des Preisgeldes in der Höhe von 100.000 US-Dollar eine Rolle. Wie viele engagierte Architekturbüros, die sich mit ihrer Arbeit vorausgaben, haben sie das Geld damals dringend benötigt.

Wie wird Denise Scott Browns architektonischer und urbanistischer Beitrag in der Fachwelt wahrgenommen?

Fitz: Denise setzt sich zeit ihres Lebens für „Joint Creativity" ein, wie sie das ausdrückt. Gemeinsam mit Robert Venturi hat sie jahrzehntelang geforscht, geschrieben, geplant, gebaut und Projekte entwickelt. Diese gemeinsame Kreativität ist an vielen Stellen im Buch und in der Ausstellung spürbar. Es geht ja nicht um Revanchismus, sondern um eine neue Betrachtung der Arbeit des Büros. Aus den Gesprächen mit Denise wissen wir: In Bereichen wie Lehre, Soziologie, Denkmalschutz oder Partizipation wurde ihre Autorinnenschaft weitestgehend anerkannt und in der Branche geschätzt. Sobald es aber ums Entwerfen ging, wurde sie als Architektin und Stadtplanerin schlichtweg ignoriert. „Immer, wenn eine Idee gut war, wurde sie Robert zugeschrieben", sagt sie.

Wie ist das beim vielleicht wichtigsten und berühmtesten Buch, bei *Learning from Las Vegas*?

Fitz: Tatsächlich ist das Forschungsprojekt *Learning from Las Vegas* vor allem der Initiative von Denise Scott Brown zu verdanken. 1966 fuhr sie mit ihrem Studio – sie war damals Professorin an der UCLA – für eine Recherche nach Las Vegas und lud später dazu auch Robert Venturi ein. Gemeinsam mit Steven Izenour publizierten sie 1972 das Buch *Learning from Las Vegas* (dt. 1979), das einen Paradigmenwechsel eingeleitet hat. Doch bis heute sind die wenigsten Architekturstudierenden mit dem Namen Denise Scott Brown vertraut und schreiben die legendäre Studie oft Robert Venturi alleine zu.

2012 wiederholte sich die männerfokussierte Vergabepolitik der Pritzker-Jury. Der Preis ging damals an Wang Shu vom chinesischen Amateur Architecture Studio. Seine Frau und Co-Gründerin Lu Wenyu ging abermals leer aus.

Fitz: Die Unsichtbarkeit von Frauen ist bis heute noch nicht überwunden. Das sind Mechanismen, die eine ganz klare Ausgrenzung reproduzieren. Tatsächlich wird das Büro Amateur Architecture Studio auch in der Fachwelt bis heute vor allem mit Wang Shu konnotiert. Seine Frau Lu Wenyu ist – außerhalb Chinas, wohlgemerkt – relativ wenig bekannt. Zu verdanken ist dies nicht nur der Pritzker-Preis-Jury, sondern vor allem auch den Medien.

← Learning from Las Vegas: Denis Scott Brown vor der Skyline ihres Forschungsobjekts, 1972.

Was können die Medien besser machen?

Fitz: 1989 veröffentlichte Denise Scott Brown ihren Text *Room at the Top? Sexism and the Star System in Architecture*. Vieles in diesem Text ist leider weiterhin aktuell. Architektur und Planung entwickeln sich mehr und mehr zu einer „Joint Creativity", also zu einem Produkt eines Kollektivs. Das scheint in vielen Medien aber noch nicht angekommen zu sein, denn oft sind die Journalisten und Journalistinnen immer noch auf der Suche nach dem „lonely hero". Und populärkulturelle Bilder verstärken das: Ich zeige bei Vorträgen gerne Stills aus der Krimiserie *Tatort*. Es kommen auffällig oft Architekten vor – immer reich, immer arrogant, oft unter Tatverdacht. Solche Bilder schaden der Disziplin insgesamt, weil sie den Nimbus des abgehobenen Selbstverwirklichers kultivieren, während die Arbeitswelt in der Architektur längst eine ganz andere ist.

Was tun, um diese Ungerechtigkeiten zu beenden?

Fitz: Was wir als Museum tun, ist: ausstellen, diskutieren, thematisieren. Aber auch die zahlenmäßige Präsenz erhöhen, nicht nur auf Podien, sondern auch bei prominenten Keynote-Formaten. Das machen wir konsequent und mit Gewinn für unser Programm. In den letzten Jahren konnten wir Vorträge von Kazuyo Sejima, Dorte Mandrup, Anupamu Kundoo, Camilla van Deurs, Yasmeen Lari, Anne Lacaton, Anna Heringer, Xu Tiantian, Tatiano Bilbao und vielen mehr nach Wien ins Az W bringen. Schon bei dieser kleinen Auswahl wird deutlich, dass es uns nicht nur um Genderfragen geht, sondern auch um das Aufbrechen einer europäischen oder westlichen Perspektive. Und was Vorstände, Aufsichtsräte oder öffentliche Gremien betrifft, da bin ich für eine Quote. Ohne Quote scheint sich in der Baukultur und Bauwirtschaft nicht viel zu bewegen.

← Die pakistanische Architektin Yasmeen Lari war 2019 in der Ausstellung *Critical Care* im Architekturzentrum Wien zu sehen. Seit 2010 arbeitet sie nach den großen Überschwemmungen am Wiederaufbau der Sindh-Region im Süden des Landes.

Das Deutsche Architekturmuseum DAM in Frankfurt / M. zeigte 2017 die Ausstellung *Frau Architekt*, in der Roca London Gallery war 2015 die Ausstellung *Urbanistas. Women in Urban Design* zu sehen. Welche Rolle nimmt diesbezüglich das Az W ein?

Fitz: Ich glaube nicht, dass weibliche Gruppenausstellungen im 21. Jahrhundert noch das beste Format sind. Es schwingt im Unterton immer mit, dass die eine oder andere Architekturposition darin gezeigt wird, weil es sich um eine Frau handelt. Und dass danach wieder das „normale", sprich männerdominierte Ausstellungsprogramm kommt. Im Az W zeigen wir deshalb regelmäßig Einzelausstellungen von Architektinnen. Und auch in unseren Themenausstellungen sind Projekte von Architektinnen gut vertreten. Das hängt wahrscheinlich auch mit den spezifischen Themen zusammen, wie zum Beispiel 2019 die Ausstellung *Critical Care. Architektur für einen Planeten in der Krise*, die ich gemeinsam mit Elke Krasny kuratiert habe und die mit Care-Konzepten aus der feministischen Theorie arbeitet.

Wenn wir von Frauen sprechen, so sprechen wir ja nicht nur vom biologischen Geschlecht, sondern auch von Genderthemen und feministischen Perspektiven. Inwiefern schlagen sich diese Aspekte in der Stadtplanung nieder?

Fitz: Am Beginn der sogenannten „frauengerechten Planung" in der Architektur und Stadtkultur ist es noch um solche Dinge gegangen – etwa, dass man von der Küche oder Waschküche ungehindert auf den Spielplatz runterschauen kann, damit die Mutter das Kind im Auge behalten kann. Heute sind wir da weiter.

Wo stehen wir heute?

Fitz: Heute sprechen wir von einer Stadt der kurzen Wege, von einer Stadt mit wohnungsnahem Grün und von guten öffentlichen Räumen, von einer durchmischten Stadt mit gemeinschaftlichen Infrastrukturen – das ist gut für alle, für Mütter, Väter, Kinder, Alleinerziehende, Großfamilien, ältere Menschen oder Home-Office-Arbeitende. Aus der feministischen Perspektive, denke ich, geht es sehr stark um eine Neurelationierung und Neubewertung von produktiven und reproduktiven Tätigkeiten, aber auch um ein neues Verhältnis zur Natur und um neue ökonomische Modelle – und zwar nicht nur bei uns im Global North, sondern auch im Global South, in dem der Großteil der Erdbevölkerung lebt.

→

Bauen für eine bessere Zukunft: Paulo Mendes da Rocha und MMBB Architects haben 2017 im Zentrum von São Paulo ein leerstehendes Kaufhaus revitalisiert und zur neuen SESC 24 de Maio ausgebaut.

Was genau heißt das? Können Sie ein Beispiel nennen?

Fitz: Es geht um neue Beziehungen zwischen Ökologie, Wirtschaft und Sozialem. Das reicht von einem sparsamen Umgang mit dem Boden bis zu besseren Arbeitsverhältnissen, vom intelligenten Weiterbauen des Vorhandenen bis zu CO_2-armen Bautechniken. Das gilt sowohl für die Ebene großer städtebaulicher Interventionen als auch für einzelne Haushalte. Wenn Yasmeen Lari zum Beispiel Kochstellen entwickelt, die weniger Brennstoff benötigen, erspart das den Frauen viel Zeit, lange Wege und Gefahren, weil sie dann auch weniger Holz zu sammeln brauchen. Gleichzeitig nützt es der Umwelt und dem Klima, weil weniger Abholzung und weniger CO_2-Emmission entstehen.

Kommen wir zurück zu Zaha Hadid. Ist die Frau in der Architektur heute immer noch eine Außenseiterin?

Fitz: Für mich nicht. Ich bin sogar überzeugt davon, dass einige der wichtigen Paradigmenwechsel in der Architektur derzeit maßgeblich von Frauen mitgestaltet werden, nämlich jene Veränderungen im Bauen, die wir brauchen, um den Planeten zu retten. Aber in Politik und Bauwirtschaft ist das noch nicht ganz angekommen. Wir müssen ordentlich an Geschwindigkeit zulegen.

In Search of Frau Architekt

Mary Pepchinski

° 1955, now retired, was the Professor for Architecture and Society at the TU Dresden. She writes and researches about architecture in contemporary and historical contexts. In 2017, she was the scientific advisor to the *Frau Architekt* exhibition at the Deutsches Architekturmuseum (DAM), Frankfurt/Main.

In 2017 the Deutsches Architekturmuseum (DAM) showed the exhibition *Frau Architekt*. How did we make our selection? Does such a thing as women's architecture actually exist? And for how much longer will we have to deal with this theme?

Why would anyone organize an exhibition about 22 obscure women architects? This was certainly how a number of people felt prior to the opening of *Frau Architekt*, on view from September 30, 2017 to March 8, 2018 at the Deutsches Architekturmuseum (DAM) in Frankfurt-am-Main. Yet there were strong arguments in favor of this project.

Women students are in the majority at architecture faculties in Germany today, yet architecture institutions rarely champion a diverse image of the practitioner. Women also remain woefully underrepresented at the highest levels of this profession. And, having taught seminars about women architects who were active from the nineteenth to the twenty-first century, I know that learning about their lives encourages young people to reflect upon gender, practice, and the challenges that await them upon graduation.[1] Beyond such straightforward justifications, there is the implicit acknowledgement that, because architecture and urbanism benefit society, those who work as professionals in these fields should reflect – as faithfully as possible – the people they serve.

Frau Architekt's curatorial team included Christina Budde (curator, DAM), Peter C. Schmal (director, DAM), Wolfgang Voigt (retired asst. director, DAM), and me, Mary Pepchinski, the scientific advisor. At the heart of *Frau Architekt* was an exploration of feminine agency and architectural professionalism in Germany from 1900 to the present day. We selected our 22 protagonists to explore issues that were relevant to this context, such as the emergence of women architects prior to 1914; the contribution of women architects to the socially-oriented building of the 1920s as well as their support for the Nazis and the decision to pursue exile, migration or return migration after 1945. But, when talking about women architects in the twentieth century other issues also play an important role such as the creation of social-welfare architecture and participation in the women's movement in the post-war years as well as the pursuit of diverse career paths, including entrepreneurship, visionary design, urban planning or building public architecture for a united Germany.

1 See: Christina Budde, *Frau Architekt: Two Reasons and a Résumé* and Stéphanie Bouysse-Mesnage, Mary Pepchinski: *About Frau Architekt. Stéphanie Bouysse-Mesnage in conversation with Mary Pepchinski* in: Pepchinski, Mary, and Christina Budde (eds.), *Women Architects and Politics. Intersections between Gender, Power Structures and Architecture in the Long 20th Century* (Bielefeld: transcript, 2020/2021 forthcoming).

↑ The exhibition *Frau Architekt* at the Deutsches Architekturmuseum in Frankfurt was dedicated to women in the architectural profession. Their history goes back more than one hundred years.

Some were active for decades, while others realized relatively little or embraced alternative careers. Our interest was not in recovering heroic figures for the canon, but rather in considering how women in diverse circumstances grappled with resistance to female professionalism to work in architecture. As in many other situations which gave rise to women architects in the twentieth century, our subjects overwhelmingly had a middle-class background and/or benefitted from additional social privileges and means of economic support.

And although their design philosophies differ, they share some common concerns. One is the conviction that architectural interventions in cities are necessary to encourage social interaction and cultivate the well-being of the individual. Iris Dullin-Grund's *Haus der Kultur und Bildung* in Neubrandenburg (1965), a public complex with a prominent tower, placed culture, education and sites for informal gathering at the center of this war-torn German city. When planning large housing estates in post-war Rotterdam, Lotte Stam-Beese configured the outdoor areas to encourage contact and exchange among the residents. Most recently, the *Baugruppenhaus* in the Auguststraße Berlin (2008) by Almut Grüntuch-Ernst and Armand Grüntuch, a collection of new and renovated buildings with residences for diverse inhabitants as well as workplaces and outdoor spaces for collective use, continues this interest.

Another theme is the relationship of architecture to nature. In addition to Lotte Stam-Beese's focus on open space planning, *Frau Architekt* featured Merete Mattern's unbuilt designs, which envisioned the

↑ The subjects shown in *Frau Architekt* came from a middle-class background and benefitted from additional social privileges and means of economic support.

↑ The *Baugruppenhaus* in the Auguststraße Berlin, built in 2008 by Grüntuch Ernst Architects, Grüntuch, is a combined residential and workplace building for diverse inhabitants.

→

Can an exhibition level the playing field in architecture? Certainly, it would be naïve to think that parity has been reached due to a brief flurry of publicity. Nonetheless, small changes are happening.

elimination of clear-cut distinctions between landscape, urbanism, and ecology to invent new forms of collective habitation at vast scales. In contrast, Gesine Weinmiller's bold, representative structures affirm the autonomy of the architectural object, while engaging with natural phenomena. Her proposal for the 1998 Holocaust Memorial in Berlin, consisting of monumental fragments of a wall dispersed throughout a park, which appear to form a Star of David when viewed from one vantage point, or the discreet integration of natural illumination to articulate the interior of the Genezareth Church in Aachen (2018), are exemplary.

Finally, many felt that a feminine contribution to architecture and urbanism was imperative, even though there was no consensus about how this should happen. It is not surprising that a number of our protagonists joined organizations for professional women, including the *L'Union Internationale des Femmes Architectes*, which provided them with important public forums for presenting their work and exchanging ideas. One woman who was featured in Frau Architekt, Verena Dietrich, an expert on steel construction, started her own feminist group in the 1980s with colleagues from West Germany, Switzerland, and Austria. And Merete Mattern aligned herself with Second Wave Feminism by publishing her ecological projects in the legendary 1979 issue of *Bauwelt* entitled *Frauen in Architektur – Frauenarchitektur?*[2] which was devoted to difference in architecture.

By the time it closed, *Frau Architekt* had silenced sceptics and placated critics. It was one of the most popular exhibitions held at DAM in recent years; it subsequently traveled to three locations in German-speaking Europe;[3] and has been adapted to an online version with *Goethe-Institut*. As was our intention, the ensuing iterations either modified or enhanced our initial selection to suit a local context or for other curatorial reasons. *Frau Architekt* proved to be an adaptable framework rather than a rigidly sacrosanct product.

It is therefore not surprising that other researchers in diverse contexts are using similar strategies to the one we adopted for *Frau Architekt*. In May 2021, the *Goethe-Institut* in Izmir presented *Kadin Mimar*, an online exhibition of nine women architects, born between in Turkey 1913 and 1980, in conjunction with an abbreviated online version of Frau Architekt. The research was conducted by a team of local historians.[4] Like the DAM exhibition, *Kadin Mimar* considers the emergence of women architects against the backdrop of local history.

Starting in 1934 with Turkey's first women architecture graduates, it continues to the post-war period, when some women sought contact to Western Europe, notably Germany, and introduced new tendencies in design and housing to their native land. In later years, others created large scale elements for the social infrastructure, such as educational facilities. The younger protagonists highlighted have studied or worked internationally (in Europe, Africa, and North America) and have built impressive public projects at home and abroad.

2 *Bauwelt* 31/23, 24. August 1979, 70. Jahr. https://www.yumpu.com/de/document/view/17729419/bauwelt-frauen-in-der-architektur-kennedy-bibliothek, accessed on July 13, 2021. The title translates as: *Women in Architecture – Women's Architecture?*

3 *Frau Architekt. Seit mehr als 100 Jahren: Frauen im Architekturberuf*, Museum der Arbeit Hamburg, June 15–September 8, 2019; *Frau Architekt. Seit mehr als 100 Jahren: Frauen im Architekturberuf*, Zentrum Architektur Zürich (ZAZ), February 28–July 19, 2020; *Frau Architekt. Seit mehr als 100 Jahren: Frauen im Architekturberuf, Haus der Architekten und Architektinnen*, Düsseldorf, August 12–October 2, 2020; curated and supplemented by the Museum der Baukultur NRW.

4 See, Kadin Mimar, *Frauen in Architektenberuf in der Türkei und in Deutschland*: https://www.goethe.de/ins/tr/de/kul/sup/ekt.html, accessed on July 6, 2021. Exhibition organizers: Özlem Günerli, Petra Diehl, Linda Rödel Çiftçi at Goethe Institut Izmir; Scientific advisors: Belgin Turan Özkaya, Tomris Elvan Altan, Neslihan Dostoğlu, Özlem Erdoğdu Erkarslan, İrem Küreğibüyük and Yekta Özgüven.

Also in May 2021, DAM and the Max Liebling House in Tel Aviv organized an online event, *The Role of the Woman Architect in Modernism & Today.*[5] Among the participants, Sigal Davidi, the Israeli architect and historian, presented her research about the first women architects in Mandate Palestine, focusing on the period from the 1920s to statehood in 1948.[6] Although many of her protagonists hailed from Central and Eastern Europe, they had different motivations for migration and ranged from committed Zionists to ambivalent exiles. Despite encountering resistance to female professionalism, they found unique opportunities and were able to realize a greater variety of building types than was possible for women architects in Western Europe and the USA at that time. Today, while these architects' buildings are recognized as seminal works of modern architecture in pre-state Israel, they themselves have been largely forgotten.

Will such events level the playing field in architecture? Certainly, it would be naïve to think that parity has been reached due to a brief flurry of publicity. Nonetheless, small changes are happening. In Germany, the professional organization BDA (*Bund Deutscher Architekten* or Federation of German [male] Architects) recently amended its title to: BDA – *Bund Deutscher Architektinnen and Architekten* (Federation of German [female] Architects and [male] Architects). However, as a third gender is now officially recognized in Germany, those who are non-binary will continue to feel excluded by this new denomination. There is still much work to be done.

Going forward, I think that the practice of organizing and disseminating "women's exhibitions" will endure. *Frauen Bauen Stadt* a project by Katja Schechtner and Wojciech Czaja that includes a symposium, exhibition, and book publication represents a further step forward along the path that should be taken. On the one hand, such events have existed since the dawn of modernity as a way of combating the binary thinking that dominates much of the planet.[7] On the other, due to events like *Frau Architekt*, gender issues in architecture are becoming engrained in the collective consciousness. Certainly, I hope we can build upon the present foundation to examine other questions regarding power, privilege and exclusion, and must not undergo what the trauma researcher Judith Hermann calls "episodic amnesia,"[8] that is, briefly recognizing a condition when a crisis arises and then forgetting it until cataclysmic events force us to confront it again.

In the future, the focus of "women's exhibitions" may shift, as organizers examine other aspects of public achievement and personal identity. For myself – and I am probably speaking for many others as well – the enduring appeal of "women's exhibitions" is akin to reading and rereading cherished works of literature: we turn to them time and again, not to wallow in the past, but to discover new insights about feminine agency in the contemporary world.

5 The event was part of the series: *Context, Contrast, Continuity*, sponsored by DAM/ Frankfurt-am-Main and the Max Liebling Haus/Tel Aviv;https://dam-online.de/veranstaltung/die-rolle-der-architektin-in-der-moderne-heute/, accessed on July 13, 2021.

6 Sigal Davidi, *Building a New Land: Women Architects and Women's Organizations in Mandatory Palestine* (published in Hebrew), (Open University Press, 2020).

7 See: Mary Pepchinski, *Feminist Space. Exhibitions and Discourses between Philadelphia and Berlin, 1869–1912*, (Kromsdorf/Weimar: VdG, 2007).

8 Judith Herman, *Trauma and Recovery*, (New York: Basic Books, 1992), p. 7.

↑ In 1959, Iris Dullin-Grund, who was just 26 years old at that time, won the architecture competition for the *Haus der Kultur und Bildung* in Neubrandenburg, which was inaugurated in 1965. From 1970 to 1990 she was Neubrandenburg's city architect.

If I can’t dance, I don’t wanna be part of your revolution

Kathrin Aste

° 1969, ist Architektin und leitet das Institut für Experimentelle Architektur an der Universität Innsbruck. Ihr ./studio3 versteht Entwerfen als kreative Kulturtechnik und forscht im Spannungsfeld von Kunst und Architektur. 2018 hat sie mit ihrem Büro LAAC den österreichischen Pavillon auf der Architektur-Biennale in Venedig mitgestaltet.

Zur architektonischen Gestaltung einer feministischen Ausstellung im Tiroler Ferdinandeum. Ein Beitrag des Innsbrucker Architekturbüros LAAC

Die von Florian Waldvogel kuratierte Ausstellung *If I can’t dance, I don’t wanna be part of your revolution* im Tiroler Landesmuseum Ferdinandeum zeigte die Arbeiten von zwölf Künstlerinnen, die sich – ganz im Sinne des Ausstellungstitels der feministischen Theoretikerin Emma Goldman – gegen tradierte Moralvorstellungen und für die Befreiung von Konventionen und Vorurteilen positionieren. Im Kontext eines so klassischen Museums wie dem Ferdinandeum, bei dessen Durchwandern die Tradition der männlichen Selbstdarstellung so schwer im Magen liegt, dass man befürchtet, man schafft den Aufstieg in den zweiten Stock erst gar nicht, ist das fast schon ein anarchischer Akt.

Ein Labyrinth aus erdfarbenen Wänden, behängt mit in Gold gerahmten Darstellungen des Sublimen und Mythologischen, und dann, quasi als Höhepunkt, unmittelbar bevor man die Artbox betritt: der „Amoklauf“ des Tiroler Freiheitskampfes von Albin Egger-Lienz. Diese Umgebung fleht geradezu nach kritischen Positionen und nach einer deutlichen, gegenkulturellen Räumlichkeit, die sich seiner musealen Nachbarschaft und der genormten farbneutralen Logik des White Cube der Artbox widersetzt.

So unterschiedlich die zwölf Positionen der Künstlerinnen auch sein mögen, sie haben eines gemeinsam: Sie verdeutlichen die Rolle der Künstlerinnen als Kulturproduzentinnen und gesellschaftskritische Akteurinnen. Sie alle hinterfragen die Institutionalisierung der Kunst und fordern die Anteilnahme der Gesellschaft an emanzipatorischen Bestrebungen. In den streng kodierten musealen Innenräumen des Ferdinandeums veranschaulicht die Sammlungspräsentation diesen formulierten Befreiungsschlag aus einem Zustand der Abhängigkeit durch das kuratorische Konzept, durch die gezeigten Werke, aber auch durch die Gestaltung der Ausstellung. Dabei setzt das Display auf Differenz und Diversität – Prinzipien der Öffentlichkeit, die die Besucher*innen zur bewussten Konfrontation mit dem Andersartigen einladen.

↑ Radikal taucht das Display den Raum in die Violetttöne der Frauenbewegung. Perspektivische Farbflächen mit verborgener Symbolik irritieren die Raumwahrnehmung.

Radikal taucht das Display den Raum in die Violetttöne der Frauenbewegung, um beispielsweise die durchaus provokante Haltung einer Valie Export zu unterstreichen, die in ihren aktionistischen Arbeiten, wie *Tapp- und Tastkino* (1968) oder *Strumpfband* (1970), gesellschaftliche Machtverhältnisse thematisiert, indem sie mit den Tabus der Privatsphäre bricht und diese in den öffentlichen Raum hinausträgt. Perspektivische Farbflächen mit verborgener Symbolik irritieren die Raumwahrnehmung und hinterfragen die individuelle Sichtweise. Ein Motiv, dass sich in den subtilen Selbstporträts von Birgit Jürgenssen wiederfindet, etwa in *Jeder hat seine eigene Ansicht* (1975). Zudem wird die Stringenz der rechtwinkligen Box durch eine abgerundete Raumecke gebrochen, um das Objekt *Kommunikationsmöbel* (1997) von Christine und Irene Hohenbüchler im Display zu verorten. Insgesamt entsteht durch das Display ein diskursiver Raum, der die künstlerischen Positionen akzentuiert und sie gerade dadurch in Beziehung setzt.

Obwohl sich die Gestaltung der Artbox, wie alle anderen Museumsräumlichkeiten, fast ausschließlich auf die Verwendung von Farbe beschränkt, wirkt sie im musealen Kontext kontrastierend, scheut die Reibung nicht und bezieht politisch Position. Nichts anderes dürfen wir uns von einem modernen Museum erwarten, das seiner Verantwortung gegenüber der Gesellschaft als öffentliche Institution gerecht wird und mit dem Besucher in einen herausfordernden Dialog tritt.

← Die außergewöhnliche Ausstellungsgestaltung hinterfragt die Institutionalisierung der Kunst setzt auf Differenz und Diversität.

The City Through a Female Film Lens
Oder: Frauen blicken auf die Stadt

Katharina Müller

° 1987, ist Film-, Medien- und Kulturwissenschaftlerin. Lehraufträge an den Universitäten Wien, St. Gallen (HSG) und Salzburg sowie der an der Akademie der bildenden Künste Wien. Seit 2018 leitet sie die Abteilung Forschung, Vermittlung, Publikationen des Österreichischen Filmmuseums.

„Ich hatte in meinem ganzen Leben noch nie so viele schäbige alte Häuser gesehen wie in Wien", kommentiert Béatrice Loebenstein Stadtaufnahmen aus dem Jahr 1974, die sie zu Weihnachten als Filmpost an ihre Familie in die Schweiz schickt. Wir sehen dunkelgraue, kriegspatinierte Fassaden, abgetastet mit der Eumig-Kamera des Schwiegervaters. *So leben wir* bekundet der Titel. Dasselbe Grau begegnet uns, als die Schauspielerin Elfriede Irrall um 1980 aus großer Nähe Hausfassaden abschreitet und auf Super-8-Film bannt, während ihre Mutter Erika Trojan von Blockwarten und nationalsozialistischen Verbrechen erzählt.

Dieses düstere Wien, das uns auch Renate Schweiger in Kameraschwenks von ihrem Balkon aus zeigt (*Meine Wohnung*, 1975) und in dem – neben den Automobilen – bunt nur die Pelargonien am Fenster leuchten, hat sich bekanntlich drastisch verändert, zu einer der vielzitiert „lebenswertesten" Städte der Welt.

Zeugnisse dieser urbanen Veränderung – nämlich private, nichtkommerziell produzierte Filmaufnahmen aus der Zeit der 1920er-Jahre bis heute – finden sich in beträchtlicher Anzahl in den Sammlungen des Österreichischen Filmmuseums. Das Filmmuseum sammelt seit seiner Gründung 1964 auch Amateurfilme. Rund 7.000 Titel umfasst dieser mehrheitlich auf Schmalfilmformaten gedrehte, stetig sich erweiternde Fundus an zeithistorischen Bewegtbilddokumenten. In ihm gebannt sind Alltag und Freizeit, bezeugen sich Veränderungen in Politik, Gesellschaft und sozialen Verhältnissen.[1]

Was diesen im Grade von Privatheit variierenden Filmen, deren Spielarten vom Home Movie (sehr privat) bis hin zu im Filmklubkontext produziertem Amateurfilm reichen, gemein ist: Sie tragen mikrohistorische Evidenzen[2] in sich – verdrängte, vernachlässigte, mitunter vergessene Aspekte von Geschichte, Stadtgeschichte und kollektivem Gedächtnis. Sie geben faktische, materielle Information über die Nutzung des Urbanen, darüber, wie etwa ein Stadtbild zu einem bestimmten Zeitpunkt ausgesehen hat – aber auch eine Idee davon, wie Öffentlichkeit oder Privatheit zu einem bestimmten Zeitpunkt begreiflich wird.

1 Darunter, wunderkammerartig und zumeist im Schmalfilmformat, alles Mögliche: fiktionale Filme, Reisefilme, erotische Privataufnahmen, Filmtagebücher, Schminktutorials u. v. m. Vgl. Caneppele, Paolo; Schmidt, Raoul: *Curatorship von Amateurfilmen im Österreichischen Filmmuseum*, in: Mattl, Siegfried; Lesky, Carina et al.: *Abenteuer Alltag: Zur Archäologie des Amateurfilms*, Wien, Synema 2015.

2 Vgl. Öhner, Vrääth: *Einleitung*, in: Mattl, Siegfried; Lesky, Carina et al.: *Abenteuer Alltag: Zur Archäologie des Amateurfilms*, Wien, Synema 2015.

↑ Noch keine Pelargonien. Privater Freiraum von Renate Schweiger in den 1970er-Jahren, als Wien noch grau und bloß Balkone bunt waren. Filmstill aus *Meine Wohnung*, 1975, Renate Schweiger.

AMATEURFILM VON FRAUEN*

Sieben Prozent dieser Filme, wie sich grob schätzen lässt, sind von Frauen* gemacht, 13 Prozent unter weiblicher* Beteiligung entstanden.[3] Wie kann man hinsichtlich ihrer Beforschung und Vermittlung mit diesen kostbaren paar Hundert Minuten privaten Films von Frauen* verfahren? Was tun mit diesen Filmen, die nicht unbedingt eine patriarchale Sichtweise vertreten, die aber – zum größten Teil – auch nicht streng genommen feministisch sind?

Ein erster wesentlicher Schritt ist die Kontexterfassung: In Gesprächen mit den Überbringer*innen werden Aspekte des häufig stummen Filmmaterials erschlossen. Die Frage der Autorschaft lässt sich oftmals nicht vereinfacht klären – auch im Amateurfilm verläuft die Produktion häufig arbeitsteilig, teilen sich Kamera und Schnitt doch meist zwischen Partner*innen auf. Durch die Gespräche aber wissen wir, dass mit Blick auf den Gesamtbestand mehr Frauen* an der Produktion dieser Filme beteiligt waren, als die Beschriftungen der Rollen zunächst vermuten lassen.

WEIBLICHE* STADTREPRÄSENTATIONEN

Unter Berücksichtigung der ideologischen Dimensionen dieser Filme (Stichwort „Familienfilm") und der dadurch häufig entsprechend determinierten Perspektiven (oft konzentriert sich das Gefilmte auf den Wohnbereich der Kernfamilie oder die zu feierlichen Anlässen aufgesuchten Orte) lassen sich Stadtrepräsentationen analysieren: Wie wurde die Stadt durch Frauen* (vor und hinter der Kamera) dokumentiert? Zwar tritt die Stadt durch die Zentrierung auf das Private tendenziell in den Hintergrund bzw. an den Rand, sie wird dadurch jedoch nicht minder sichtbar: Eher lässt sich eindrucksvoll ein dezentrales Gesamtbild erschließen.

3 Schätzung abgeleitet aus einer Studie am Filmarchiv Austria. Vgl. Zingl, Stefanie: *9.000 Meter retrospektiv. Margret Veits Schmalfilmbiografie*, Dipl.-Arb., Wien 2015.

← Pelargonien machen Wien bunt. Filmstill aus *So leben wir*, 1974, Béatrice und Thomas Loebenstein.

So geschehen im Projekt *am rand : die stadt*, in dem sich das Filmmuseum unter der künstlerischen Leitung von Gustav Deutsch und Hanna Schimek mit privaten Laufbildern beschäftigte, die die Stadt Wien an den Rändern und von diesen her in den Blick nehmen.[4] Manche Amateurfilme von Frauen* rücken die Stadt in den Vordergrund. Zum einen sind das Urlaubsfilme, zum anderen aber auch regelrechte Stadtporträts. Häufig anzutreffen in diesem Zusammenhang sind Filme, die städtische Entwicklung dokumentieren. Baustellen und Prozesse werden zu Protagonist*innen, sie zeigen, wie ein Haus gebaut oder abgerissen wird: *Hausrenovierung Karolinengasse Frühjahr 1964* von Hildegard und Georg Bezenker ist ein solches Beispiel. Titel wie *Wer sich nicht wehrt, lebt verkehrt* (Elfriede Irrall, 1976) oder *AKW Zwentendorf* (Heidrun Pirchner, 1978) künden von der Straße als Bühne von Aktivismen.

KURATORISCHER AKTIVISMUS

Gemäß der Idee eines „kuratorischen Aktivismus“[5] beschäftigten wir uns schließlich mit feministischen und nicht-hegemonialen Strategien zum Fortleben dieser privaten Filme von Frauen*, um Sichtbarkeit zu schaffen und gleichzeitig über die Seh- und Wahrnehmungsweisen nachzudenken, die diese Filme in sich tragen.

Neben von den Urheberinnen kommentierten Projektionen im Wiener Filmarchiv der Arbeiterbewegung – eine Kooperation mit dem feministischen RRRIOT-Festival[6] – und thematischen Vermittlungsaktivitäten in unserm Kinosaal in der Albertina war uns die künstlerische Beforschung dieser Bestände ein wesentliches Anliegen: Im Modus einer „counter-archival strategy“[7] händigten wir im Winter 2019 Digitalisate dieser Filme an Studierende des Fachbereichs Kunst und digitale Medien der Akademie der bildenden Künste Wien (Klasse Constanze Ruhm) aus und luden unter dem Titel *AMATEURINNEN** zu einer Art „künstlerischen Wiedererrettung“ dieser beinahe verlorengegangenen Geschichte weiblicher* Bildproduktion ein.

4 Näheres zu diesem und anderen Stadt-Projekten auf den Forschungsseiten des Filmmuseums (www.filmmuseum.at).

5 Der von Maura Reilly in Bezug auf die Ausstellungspraxis von Kulturinstitutionen ins Feld geführte Begriff umfasst als Programm u. a. den Widerstand gegen Maskulinismus und Sexismus, die Befragung „weißer“ Privilegien und des westlichen Zentrismus sowie die Bekämpfung von Heterozentrismus und LBGT+-Phobien.

6 https://www.riotfestival.at.

7 Slager, Henk: *Counter-Archival Dissemination*, in: Schwab, Michael; Borgdorff, Henk (Hg.): *The Exposition of Artistic Research: Publishing Art in Academia*, Leiden, University Press 2014.

↑ Wien ist bunter als die Blumen. Filmstill aus *Ich hab' immer gemacht, was ich wollte*, 2020, Selin Karaman / Footage aus *Meine Wohnung*, 1975, Renate Schweiger.

Die im Zuge des Projekts entstandenen Filme, Installationen und Performances regen zu neuen Sichtweisen an und befragen die gesellschaftlichen Verhältnisse, denen sie entstammen, im Ästhetischen. Ziel war die Schaffung einer doppelten Sichtbarkeit – jene dieser Filme und ihrer Macher*innen sowie jene einer neuen Generation von Künstler*innen. Die aufgrund der Intimität der Aufnahmen aus der Aneignung des Materials sich ergebenden ethischen Probleme und folglich die Weigerungen der Künstler*innen, den Blick der Anderen auszustellen, hatten zur Folge, dass die Mehrheit der im Zuge der Neubearbeitung aus diesem Footage gewählten Bilder keine Personen zeigt.

Wenn sich also in den neu entstandenen Arbeiten die immer wiederkehrende Frage des Verhältnisses von Öffentlich und Privat stellt – aber auch der Nutzung von Objekten, von Eigentum und Enteignung, von Arbeit, Freizeit und Care-Arbeit –, so lässt sich mit der Stadt im Spiegel der Zeit eine sich wandelnde Protagonistin identifizieren. Aus dem nun vielfach nicht mehr stummen Material hallen die Stimmen eines weiblichen* Kollektivs: „Ich hab' immer gemacht, was ich wollte", kommentiert Renate Schweiger im gleichnamigen Film (Selin Karaman, 2020) ihr Leben. Vor dem Stadtpanorama leuchten, 45 Jahre später, umwuchert von Grün sämtlicher Art, die Pelargonien.[8]

8 Dieser Text basiert auf einem Vortrag, der im Rahmen des IBA-Symposiums *Frauen Bauen Stadt* im Oktober 2020 gemeinsam von Katharina Müller und Janneke Van Dalen gehalten wurde.

„Adressen sind das Gold meiner Arbeit“

Die Frauenforscherin Petra Unger bietet Frauen*Spaziergänge durch Wien an. Ein Gespräch über die Geschichte von Stadtbewohnerinnen, über menschenfeindliche Orte – und über den ganz speziellen weiblichen Blick auf die Stadt.

Die Empfehlung der WHO lautet: 10.000 Schritte pro Tag. Wie viele Schritte täglich legen Sie zurück?

Unger: Ich zähle nicht mehr. Gehen ist für mich vor allem eine berufliche Tätigkeit.

Seit mehr als 25 Jahren spazieren Sie durch Wien und vermitteln dabei hautnah unterschiedliche Aspekte von Frauengeschichte. Wie kam es dazu?

Unger: Obwohl Frauen auch in meinem Geschichtsunterricht nicht vorgekommen sind, habe ich mich immer schon für unsere Vergangenheit interessiert. Irgendwann einmal hat mich meine Begeisterung für Geschichte und Spanisch auf die Idee gebracht, beides miteinander zu kombinieren und eine Ausbildung zur sogenannten „Fremdenführerin“ zu machen. Ich distanziere mich im Übrigen bis heute von dieser Berufsbezeichnung: Die Wortkombination aus „fremd“ und „Führer“ kann aus meiner Sicht heute nicht mehr verwendet werden. Nach meiner zweiten Ausbildung am Rosa-Mayreder-College mit dem Feministischen Grundstudium und dem Master-Lehrgang für Gender Studies habe ich beides miteinander verbunden. Daraus sind die Frauen*Spaziergänge entstanden.

Nach welchen Kriterien suchen Sie die Frauen, Themen und Orte für Ihre Frauen*Spaziergänge aus?

Unger: Es geht um möglichst große Vielfalt! Es ist mir ein Anliegen, die unterschiedlichsten Lebensentwürfe von Frauen zu vermitteln. Mich inte-

Petra Unger

° 1966, ist Kulturvermittlerin und Expertin für Gender Studies und Feministische Theorie. Seit 1995 bietet sie in Wien Frauen*Spaziergänge an, die mittlerweile mehr als 50 Themen und Routen umfassen. Ihre Schwerpunkte sind u. a. Kultur, Politik, Frauenbewegung und Biografieforschung. 2019 erhielt sie den Preis der Stadt Wien für Volksbildung.

ressieren Fragen wie: Wo sind Diskriminierungserfahrungen? Welche Brüche haben die Frauen erlebt? Was haben sie trotz oder gerade wegen dieser Brüche in ihrem Leben geschafft? Und inwiefern weist die einzelne Biografie über das individuelle Schicksal hinaus? Ich arbeite vor allem zur Frauengeschichte des 19. und 20. Jahrhunderts, denn in dieser Zeit wurden unsere heutigen Vorstellungen von Geschlecht geprägt. Noch heute arbeiten wir uns daran ab. Außerdem bin ich abhängig von den Gebäuden und Adressen, an denen ich eine Biografie festmachen kann. Das heutige Stadtbild stammt hauptsächlich aus dieser Zeit. Das verstärkt den Fokus auf die beiden Jahrhunderte. In diesem Sinne sind Adressen in der Stadt das Gold meiner Arbeit.

Gibt es Berufe und Biografien, die auf Ihren Frauen*Spaziergängen besonders häufig anzutreffen sind?

Unger: In allen Bezirken war und ist die Bevölkerung zu 51 Prozent weiblich, und man erkennt bei den Recherchen bald die Sozialstruktur der Bezirke. Zwischen den einzelnen Bezirken – manchmal auch innerhalb der Bezirke – gibt es natürlich große Unterschiede, was die Lebensumstände und Lebensverläufe betrifft. Es gibt wohlhabende Oberschicht-Bezirke, in denen es auch in der Vergangenheit schon ein Bewusstsein dafür gab, die eigene Geschichte zu dokumentieren – zum Beispiel aus repräsentativem Interesse. In anderen Bezirken wiederum muss man sich mit den geringen Quellenlagen zufriedengeben, die da sind. Bis heute beschreiben viele Arbeiterinnen ihre Lebensgeschichte in Gesprächen als „nicht so wichtig", oft hatten sie nicht die Zeit oder die Möglichkeiten, ihre Geschichte aufzuschreiben. Das Spektrum der Frauenbiografien in den Bezirken reicht also von den Fabrikarbeiterinnen im klassischen Arbeiterinnenmilieu bis hin zu Großbürgertum und Adel. Und es gibt verschiedene Diskriminierungskategorien, die sich in einer einzelnen Biografie treffen können – wenn ich das so mit dem theoretischen Hintergrund der Intersektionalität ausdrücken darf. Wenn wir allerdings die Stadt als Gesamtes betrachten, so gibt es wahrscheinlich keinen Beruf und keine Biografie, über die wir nicht stolpern werden.

Spielt Architektur eine Rolle?

Unger: Natürlich! Die Beschreibung des Ortes, an dem wir stehen bleiben, ist ein wichtiger Bestandteil meiner Arbeit. Vereinzelt sind Biografien von Architektinnen Teil meiner Spaziergänge. Manchmal sind sie auch Initiatorinnen von Wohnprojekten – wie etwa Auguste Fickert mit dem Heimhof im 19. Jahrhundert. Auch die Frauen-Werk-Stadt, zu der ich vor Kurzem in Kooperation mit der Künstlerin Anna Witt gearbeitet habe, fällt mir dazu ein.

Gibt es einen Architektur-Spaziergang?

Unger: Mein Schwerpunkt liegt nach wie vor auf Antidiskriminierung und feministischer Frauengeschichte. Eine eigene Tour zum Thema Architektur habe ich bislang noch nicht ausgearbeitet. Trotzdem habe ich immer noch eine Begeisterung für besondere Architekturorte! Ich finde es faszinierend, dass das ehemalige Kriegsministerium und die Postsparkasse von Otto Wagner, die auf der Ringstraße genau vis-à-vis voneinander liegen und nicht unterschiedlicher sein könnten, aus der gleichen Zeit stammen. Wow, was für ein didaktischer Ort!

Sprechen Sie in Ihren Führungen auch das Thema Stadtplanung und Freiraumgestaltung an?

Unger: Ich kann das gar nicht ausklammern! Es gibt eine Art Stadtspaziergangs-Handwerk, also gewisse Grundregeln, die man beachten muss, damit ein solcher Spaziergang überhaupt funktioniert. Für mich ist wichtig: Wo ist es laut? Wo sind die Gehsteige breit genug? Und wo kann ich mit einer Gruppe, die aus 30 oder 50 Leuten besteht, manchmal sogar noch mehr, stehen bleiben, ohne den Verkehr zu behindern oder anderen Leuten den Weg zu versperren. Grundsätzlich habe ich die Erfahrung gemacht, dass Fußgänger und Fußgängerinnen die Schwächsten im Stadtraum sind. Mir gefällt da ein Satz, den ich unlängst gehört habe – und zwar, dass Fußgänger*innen das Proletariat der Straße sind.

← Faszination Stadt: Das ehemalige k. u. k. Kriegsministerium (1909–1913) von Ludwig Baumann und die Postsparkasse (1904–1906) von Otto Wagner könnten nicht unterschiedlicher sein. Und doch stammen die beiden sich gegenüberstehenden Häuser aus der gleichen Zeit.

→

Der *Transparente Raum* von Valie Export ist immer wieder Ziel auf Petra Ungers Frauen*Spaziergängen. Im Bild: Kunstprojekt *Verlass die Stadt* von Salon Emmer & Pionierinnen, 2014.

Das klingt jetzt aber nicht sehr positiv.

Unger: Das sind nunmal meine täglichen Beobachtungen. Manche Orte sind für Fußgänger*innen schwierig, ja sogar feindlich.

Was tun Sie dann an solchen Orten?

Unger: Sozusagen aus Selbstliebe gehe ich dann in ruhige Innenhöfe und Innenräume hinein, wo wir witterungsgeschützt sind und uns gut miteinander unterhalten können. Also ja: Ich arbeite ständig mit dem Stadtraum.

Welcher Stadtraum verlangt Ihnen denn besonders viel ab?

Unger: Ich führe meine Spaziergänger*innen gerne zum *Transparenten Raum* von Valie Export, der sich direkt unter den Otto-Wagner-Stadtbahnbögen befindet. Über den Gürtel zu spazieren ist eine Challenge! Für die Vermittlung ist der Gürtel eine unglaubliche Herausforderung. In gewisser Weise aber auch toll, weil man hier akustisch und körperlich erfährt, dass hier eine sechsspurige Autobahn durch die Stadt führt. Wo sind die Übergänge? Wie undurchlässig sind diese Übergänge? Aber auch, welche Vorteile gibt es an diesem Ort? Für Sexarbeiterinnen, die hier früher am mittlerweile verbotenen Straßenstrich tätig waren, war das eine gute Situation. Das Spannende für mich ist, dass solche unmöglichen Orte auch wieder etwas möglich machen. Sie machen ein anderes Thema auf.

Und wo führen Sie sich im Gegensatz dazu besonders wohl?

Unger: Komfortabel sind Fußgängerzonen und verkehrsberuhigte Zonen. Perfekt sind beispielsweise die Favoritenstraße oder der neu gestaltete Reumannplatz. In Kooperation mit der Agenda Favoriten waren Mädchen aus der Umgebung an der Neugestaltung des *Reumädchenplatzes* beteiligt und haben nun eine Mädchenbühne bekommen! Den schaue ich mir mit meinen Besucher*innen gerne an.

Wie wichtig ist die Präsenz von Frauen im Stadtraum – etwa in Form von Denkmälern, Straßennamen, Ausstellungen, Erinnerungstafeln und Kunst im öffentlichen Raum?

Unger: Aus meiner Sicht bewirkt diese Form der Präsenz sehr viel. Das weiß ich auch aus Erzählungen meiner Mitspaziergängerinnen. Wenn man immer wieder einen Namen hört, dann schreibt sich das irgendwann einmal ins Gedächtnis und in die Erinnerung ein. Das kann ein Straßenname sein, eine Gedenktafel oder auch ein temporäres Projekt im öffentlichen Raum. In jedem Fall wird der Name der Frau dokumentiert und bleibt dadurch präsent. Daher sind diese Initiativen auf der symbolischen Ebene gar nicht so unwichtig! Hier geht es um politische Sichtbarkeit, um Vorbildwirkung.

Kennen Sie Kollegen oder Kolleginnen aus anderen Städten, die ähnliche Touren wie Sie anbieten?

Unger: Die Grazerinnen sind hier sicher Pionierinnen: Ilse Wieser und Brigitte Dorfer haben schon in den 1980er- und 1990er-Jahren aus der feministischen Bewegung heraus Frauenspaziergänge durch Graz unternommen. Eine weitere Pionierin in Wien ist Eva Geber, ebenfalls Feministin und Aktivistin. In Deutschland gibt es die Gruppe Miss Marples Schwestern, aber auch in der Schweiz und – wie ich vor Kurzem entdeckt habe – in Barcelona. Da setzen junge Frauen sehr spannende Initiativen. Auch mit einer Kollegin in Budapest war ich kurzfristig im Austausch. Ich könnte mir gut vorstellen, irgendwann einmal ein internationales Symposium zu feministischen Stadtspaziergängen zu veranstalten.

← Die Beschreibung des Ortes, an dem Petra Unger mit ihren Spaziergängerinnen stehen bleibt, ist ein wichtiger Bestandteil ihrer Arbeit.

↑ Petra Unger: „Ein weiblicher, feministischer Besichtigungsblick ist eine Form der Aneignung des öffentlichen Raums."

Wenn Sie the „city through a female lens" betrachten: Inwiefern hat sich der eigene Blick auf Wien durch Ihre Spaziergänge verändert?

Unger: Wer so intensiv mit der Stadt arbeitet wie ich, der begegnet an jeder Ecke eine Freundin! Da hat diese Frau gewohnt, dort hat jene gearbeitet, hier hat wiederum eine andere ihre Spuren hinterlassen. So entwickelt sich die Stadt im Laufe der Jahre zu einer sehr vertrauten Umgebung. Das ist nicht nur meine Wahrnehmung, sondern auch die meiner Spaziergänger*innen. Durch den weiblichen Blick auf die Stadt entstehen Bezugspunkte zum eigenen Leben.

Wann wird es keine Frauen*Spaziergänge mehr brauchen?

Unger: Die wird es immer brauchen. Ein weiblicher, feministischer Besichtigungsblick ist eine Form der Aneignung des öffentlichen Raums. Und diese Aneignung steht uns allen zu.

Danke

Florian Albert
Bettina R. Algieri
Cornelia Bredt
Catherine D'Ignazio
Negar Hakim
Jane Hall
Kurt Hofstetter
Gabriele Kaiser
David Marold
Neeta Pokhrel
Kurt Puchinger
Luiza Puiu
Susanne Reppé
Michael Rieper
Sabina Riß
Susanne Seitinger
Gerhard Schuster
Ingrid Spörk
Sarah Williams
Anne Wunderlich
und allen Frauen, die bauen.

Diese Publikation entstand in Zusammenarbeit mit

wiener wohnbau forschung

Stadt Wien | Geschäftsgruppe Wohnen, Wohnbau, Stadterneuerung und Frauen

Wir danken unseren Kooperationspartnerinnen

aspern Die Seestadt Wiens

wien3420 aspern development AG

IBA WIEN Neues soziales Wohnen | Für die Stadt Wien

di:'angewandte Universität für angewandte Kunst Wien University of Applied Arts Vienna

Danke für die finanzielle Unterstützung

WBV-GPA Wohnbauvereinigung für Privatangestellte

ÖSW

GESIBA

SOZIALBAU AG

Wojciech Czaja

° 1978 in Polen, studierte Architektur an der TU Wien und arbeitet als Journalist, Buchautor und Moderator – u. a. für die österreichische Tageszeitung *Der Standard*. Seine Themenschwerpunkte sind Architektur, Stadtkultur und Immobilienwirtschaft. Er ist Dozent an der Kunstuniversität Linz sowie an der Universität für angewandte Kunst Wien. Außerdem ist er Mitglied im Stadtbaubeirat in der niederösterreichischen Gemeinde Waidhofen/Ybbs. Zu seinen Buchpublikationen zählen u. a. *Das Buch vom Land* (2015), *motion mobility* (2017) und *Hektopolis. Ein Reiseführer in hundert Städte* (2018).

Im Corona-Lockdown 2020 startete er sein Fotoprojekt *Almost*. Daraus resultierte eine Buchserie im Verlag Edition Korrespondenzen sowie eine Wanderausstellung, die bereits im Wien Museum sowie in Vukovar und Krakau zu sehen war.

Katja Schechtner

Stadtforscherin am Massachusetts Institute of Technology (MIT) in Boston. Sie entwickelt Strategien und Technologien, die unsere Städte in Bewegung halten.

Zuletzt konzipierte und verhandelte sie Technologie- und Innovationspolitik bei der OECD in Paris, setzte für die Asian Development Bank Verkehrstechnologieprojekte in asiatischen Großstädten um und baute davor am Austrian Institute of Technology in Wien eine Mobilitätsforschungsabteilung auf.

Sie berät global Regierungen, Entwicklungsbanken, Unternehmen und Start-ups, ist Aufsichtsrätin internationaler Unternehmen, lehrt an europäischen Universitäten, publiziert ihre Arbeit in verschiedenen Medien – u. a. bei der Architektur-Biennale in Venedig – und kuratiert Ausstellungen im Bereich Stadt und Technologie.

2, 3
Luiza Puiu

13, 14, 16, 17
Florian Albert

20
Matrix / Pluto Press

21
FOWATO / Walter Zarbl

22
Bauwelt 11/1984, S. 437 /
Bauverlag BV GmbH

23
Fotograf N.N. /
www.hausmarlenepoelzig.de /
Die Ingenieurin April/2018

25
Michael Franke

26 o.
Hans Wotin / DAM Deutsches
Architekturmuseum

26 u.
Bundesarchiv / Bild 183-1985-1219-021 / Creative Commons /
CC-BY-SA 3.0

28 li.
Eesti Arhitektuurimuuseum

28, 29
Eesti Arhitektuurimuuseum /
Creative Commons /
CC BY-NC-SA 4.0

29 re.
Gunnar Loss / Eesti Filmi Instituut

30, 31
Mohammad Hassan Ettefagh

33
Studio Gaudin Ramet

34
Cyril Abad

37 o., u. li.
Manuelle Gautrand Architecture

37 u. re.
DesignInc

39
Boudewijn Bollmann

40 li.
KCAP Architects & Planners

41
Lucas Peters Architecture
Photography

43
Archivfoto Bezirksmuseum Wien 15

44 o.
Library of Congress / Prints &
Photographs Division / LC-DIG-ppmsca-24382 / New York
Public Library Digital Collections /
Prints & Photographs Division /
LC-USZ-62-137839

44 u. li.
Bauwelt 31/32/1979 /
Bauverlag BV GmbH

44 u. re.
ARCH+ Verlag GmbH

46
Reimer

48
Yale Collection of Western
Americana / Beinecke Rare Book
and Manuscript Library / Public
Domain

51
Stadt Wien

52 li.
Gerd Götzenbrucker

52 re.
artphalanx

56 o. li., o. re.
Archiv der Zentralvereinigung der
ArchitektInnen Österreichs (ZV)

56 u. li.
Österreichische Lichtbildstelle /
ÖNB-Bildarchiv / picturedesk.com

56 u. re.
Wiener Caricaturen / ÖNB
Österreichische Nationalbibliothek

58
WStLA Wiener Stadt- und
Landesarchiv / www.wien.gv.at /
Creative Commons / CC BY-NC-ND
4.0

61
Sabine Pollak / Hans Issel: Die
Wohnungs-Bunde / Verlag von
Bernh. Friedr. Voigt, Leipzig 1910

62, 63
Koeb & Pollak Architektur

65
nav_s / IoA Institute of Architecture /
Die Angewandte

67, 68
[Applied] Foreign Affairs /
Juergen Strohmayer

70, 71, 73
National Library of Australia

74
Florian Albert

75
Kazi Khaleed Ashraf / Aga Khan

77
Lari Associates

78, 79
Gehl / CSTC China Sustainable
Transportation Center

79 re.
Archdaily / Changheng Zhan

81
Gehl People

84, 85
John Cunniff / Creative Commons /
CC BY 2.0

87 li.
Carolus Duran / Public Domain

87 re.
Fotograf N.N. / Public Domain

88
Steve Double

89
Lukas Schaller

91
Roland Halbe

92, 93, 95
Mohammad Hassan Ettefagh

98
Wikimedia / The National Photo
Collection / Israel Government
Press Office

99 o.
Felix Rubinstein / Creative
Commons / CC BY-SA 3.0

99 u.
OVEDC / Wiki Loves Monuments

100, 101
Fotograf N.N.

102, 103
Alain Herzog

105
Aiko Suzuki

106, 107
Monika Nikolic

107 o.
Mahboobeh Rezaei

107 u.
Monika Nikolic

109
Lukas Ilgner

112, 113
Fotograf N.N. / Copyright
INSTITUTOBARDI

113, 115
Markus Lanz

116, 117
Iwan Baan

118
Alice Clancy

120, 121
Amateur Architecture Studio

123
I. Mathie

126, 127
Thomas Cugini / ZHdK / Archives
of Zurich University of the Arts

129 o.
Keystone / Photopress-Archiv /
Benda

129 u.
Elisabeth Real /
Zürich Tourismus

130, 131
Iwan Baan

133
Geordie Wood

134, 135
Hanns Joosten

137
Lavaland

140, 141
Roland Krauss

143 li.
Marco Luca Reusch

143 re.
Anna Sophia Rußmann

144, 145
John Sturrock /
Kingcombe

147
Amélie Losier

148, 149
Charles Emerson

151
Camille Walala

155, 156, 158
Assemble Studio

162, 165
Michael Krebs

167
Johannes Hloch

169
Agenda Favoriten

170
Expressiv GmbH

171
Luiza Puiu

173
Phil Salesses

174, 175
Sarah Williams

177
John Sturrock

179 o.
Marjetica Potrč

179 u.
Rados

181
Marlene Rahmann

182 o. li.
Architekturzentrum Wien /
Lisa Rastl

182 o. re.
Robert Venturi

182, 183
Heritage Foundation of Pakistan

185
Ana Mello

187
DAM Deutsches
Architekturmuseum

188 o. li.
Jan Bitter

188 o. re., u.
DAM Deutsches
Architekturmuseum

191 B.
Schaeffer

192, 193
Christoph Schwarz

195, 196
Sammlung Österreichisches
Filmmuseum

197
Selin Karaman / Renate Schweiger /
Sammlung Österreichisches
Filmmuseum

199
Maria Noisternig

200 li.
Gerhard Wild /
picturedesk.com

200 re.
viennaslide /
picturedesk.com

201
Tanja Dinter

202
Chantal Turel

203
Apollonia Theresa Bitzan

Bildnachweis
Impressum

Editors
Wojciech Czaja
Katja Schechtner

Wissenschaftliche Begleitung und Recherche
Sabina Riß
Anne Wunderlich

Produktion
Helene Schauer, MVD Austria

Grafisches Konzept und Layout
Simon Walterer für MVD Austria

Acquisitions Editor
David Marold, Birkhäuser Verlag, A-Wien

Content & Production Editor
Bettina R. Algieri, Birkhäuser Verlag, A-Wien

Lektorat Deutsch
Andreas Deppe

Lektorat Englisch
Roderick O'Donovan

Schrift
ABC Monument Grotesk

Papier
Kern: Munken Lynx 130 g
Umschlag: Munken Lynx 300 g

Druck
Holzhausen, die Buchmarke der Gerin Druck GmbH, A-Wolkersdorf

Library of Congress Control Number: 2021937130

Bibliografische Information der Deutschen Nationalbibliothek
Die Deutsche Nationalbibliothek verzeichnet diese Publikation in der Deutschen Nationalbibliografie; detaillierte bibliografische Daten sind im Internet über http://dnb.dnb.de abrufbar.

ISBN 978-3-0356-2432-8

e-ISBN (PDF) 978-3-0356-2434-2

Postfach 44, 4009 Basel, Schweiz
Ein Unternehmen der Walter de Gruyter GmbH, Berlin/Boston

9 8 7 6 5 4 3 2 1 www.birkhauser.com